ZU SPÄT ZUR PARTY

Lukas Sustala

Zu spät zur Party

*Warum eine ganze Generation
den Anschluss verpasst*

Zitat S. 9: Wolfgang Gründinger, Alte-Säcke-Politik.
© 2016, Gütersloher Verlagshaus, Gütersloh, in der Verlagsgruppe
Random House GmbH

Zitat S.107: Peter Brimelow, Milton Friedman: Interview »Milton Friedman,
Soothsayer.« In: *Hoover Digest,* 1998, 2.

Sämtliche Angaben in diesem Werk erfolgen trotz sorgfältiger
Bearbeitung ohne Gewähr. Eine Haftung der Autoren bzw. Herausgeber
und des Verlages ist ausgeschlossen.

1. Auflage
© 2020 Ecowin Verlag bei Benevento Publishing Salzburg – München,
eine Marke der Red Bull Media House GmbH, Wals bei Salzburg

Medieninhaber, Verleger und Herausgeber:
Red Bull Media House GmbH
Oberst-Lepperdinger-Straße 11–15
5071 Wals bei Salzburg, Österreich

Satz: MEDIA DEISGN: RIZNER.AT
Gesetzt aus der Minion Pro, Avenir, Prata
Umschlaggestaltung: Hauptmann & Kompanie Werbeagentur, Zürich
Printed by FINIDR in Czech Republic
ISBN: 978-3-7110-0235-8

Inhalt

Einleitung

Das Pech

Warum wir zu spät zur Party gekommen sind

Der Jugend gehört die Zukunft,
den Alten alles andere.
Wolfgang Gründinger

Timing is everything.
Sprichwort

Es ist ja so: Manchmal hat man gerade kein Glück, und dann kommt das Pech auch noch dazu. Und es scheint, als würde viele Menschen in Kontinentaleuropa, Großbritannien und den USA – was man gemeinhin als den »Westen« bezeichnet – genau so ein Gefühl beschleichen.

Denn ein zentrales Versprechen scheint nicht mehr eingelöst zu werden: »Meine Kinder werden es einmal besser haben als ich.« Jede Elterngeneration will diesen Satz unterschreiben. Müssten Soziologen das Lebensgefühl der Aufschwungsgeneration der Nachkriegsära in einem Satz zusammenfassen, so würde er genau so lauten. Und tatsächlich hätte es bis vor Kurzem niemand gewagt an dieser These zu rütteln. Doch nachdem mit dem Kollaps der US-Investmentbank Lehman Brothers und der größten Staatspleite der jüngeren Vergangenheit in Griechenland die Wirtschaftssysteme des Westens doch massiv wankten, scheint dieser Satz fast schon zynisch zu klingen: Sozialer Aufstieg ist alles andere als gewiss. Denn Wachstum scheint in den Industrienationen mittlerweile so etwas wie ein Fremdwort zu sein – zumindest für die jungen Generationen. Erlebten die Babyboomer, also jene Menschen, die zumeist zwischen 1946 und 1964 auf die Welt gekommen sind, in ihren ersten Jahren auf dem Arbeitsmarkt noch einen Boom und im Schnitt ein Wachstum des Bruttoinlandsprodukts von drei Prozent pro Kopf, so war das bei den Mitgliedern der »Millennials«, also jener Generation, die zwischen 1982 und 2000 auf die Welt gekommen ist, ganz anders. Die große Finanzkrise des Jahres 2008 hat ihnen einen gehörigen Strich durch die Karriererechnung gemacht. Die erste »große Krise« des 21. Jahrhunderts hat tiefe Spuren auf den Erwerbsbiografien vieler junger Menschen hinterlassen. Vom Einkommenszuwachs der Vergangenheit ist nichts mehr zu sehen: Im Gegensatz zu früheren Generationen sind für die jungen Menschen stagnierende oder sinkende Einkommen der Normalfall geworden.[1]

Zu spät zur Party

Es fühlt sich für meine Generation, ich bin selbst im Jahr 1986 geboren, also nicht ohne Grund so an, als wären wir ein bisschen spät zu einer Party gekommen. Es ist ganz so wie bei einem privaten Fest, zu dem man zu spät auftaucht. Dann nämlich, wenn die ersten Gäste schon verschwunden sind, einige wenige volltrunken die Tanzfläche in Beschlag genommen haben und von den Vorräten kaum noch etwas vorhanden ist. Denn es wurde ausgelassen gefeiert, doch die Feier war ganz offenbar etwas knapp kalkuliert. Die guten Biere sind schon ausgetrunken, jetzt stehen nur noch einige lauwarme Dosen herum. Von den Snacks ist sowieso schon alles bis auf die Salzstangen aufgegessen, und auch die Musik war wohl am Anfang besser. Timing ist nun mal alles. Und bei Partys wie im echten Leben gilt: Wer zu spät kommt, den bestraft das Leben. Aus »Unsere Kinder sollen es einmal besser haben« wurde »Unseren Kindern soll einmal etwas übrig bleiben«. Gefeiert haben die Babyboomer, den später gekommenen Generationen bleibt das Aufräumen.

Diese Erkenntnis hat sich bereits in die gesellschaftliche Mentalität eingebrannt. Die Meinungsforscher des Pew Research Center haben weltweit dieselbe Frage gestellt: Wenn die heutigen Kinder erwachsen werden, wird es ihnen dann wirtschaftlich besser gehen als ihren Eltern? In der westlichen Welt wird diese Frage mittlerweile offenbar überwiegend mit Nein beantwortet. Nur 15 Prozent der Franzosen, 18 Prozent der Griechen, 19 Prozent der Italiener und 23 Prozent der Briten haben einen optimistischen Ausblick. In den Schwellenländern hingegen sieht es anders aus. In China bejahen mehr als 80 Prozent den positiven Ausblick, auch in Polen gibt es viel Aufschwungseuphorie. Es ist unübersehbar: Die große Krise des Jahres 2008 hat einen Schock ausgelöst und zu einem Umdenken geführt. Die Zukunft für die Kinder muss nicht besser werden. Ja, man glaubt nicht mehr, dass es immer besser wird.

Zukunftspessimismus

Wie wird die Frage beantwortet: Wenn die heutigen Kinder aufwachsen, werden sie es dann wirtschaftlich besser haben als ihre Eltern?

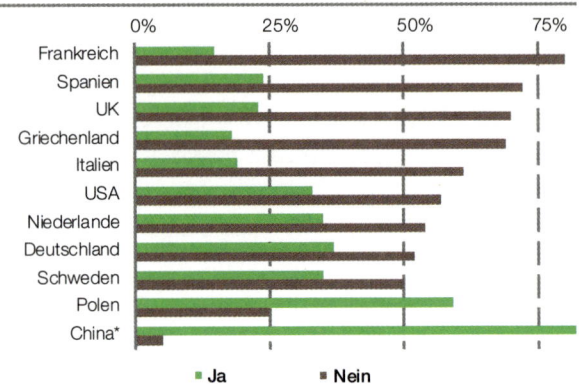

Quelle: Pew Research Global Indicators Database. * Daten aus 2016, sonst 2018.
Link: http://bit.ly/PewBetter.

Die Welt ist ein besserer Ort als früher, aber nicht für alle

Dabei zeigen die Daten, dass wir in einer schizophrenen Welt zu leben scheinen. Einerseits geht es der Menschheit so gut wie noch nie. Weniger Menschen leiden Hunger; Einkommen und Lebenserwartung sind nicht nur in Europa und den USA im langfristigen Vergleich gestiegen, sondern vor allem auch in Asien, Teilen Lateinamerikas und zuletzt auch in Afrika. Die statistisch nachweisbaren Entwicklungen zum Guten überwiegen die zum Schlechten, wie etwa der Ökonom Max Roser mit seinem großartigen Projekt OurWorld-InData[2] immer wieder zeigt.

Und zugleich haben viele junge Menschen in Italien, Deutschland, Großbritannien oder den USA das Gefühl, dass die Karriereleiter keine Sprossen mehr hat. Zum ersten Mal seit 1945 beklagt man etwa in Großbritannien, dass die Einkommen für junge Menschen nicht mehr steigen. Das Versprechen der besseren wirtschaftlichen Zukunft hat sich nicht nur als leer herausgestellt, sondern vielerorts als zynisch, denn in Ländern wie den USA, Frankreich, Italien und Deutschland sind die realen Einkommen junger Menschen sogar gesunken.[3] Von einem »Verrat« an der jungen Generation hat die britische Tageszeitung *The Guardian* berichtet, nachdem Journalisten dort Daten aus den letzten 40 Jahren zum Einkommen der verschiedenen Generationen ausgewertet hatten.

Tatsächlich lässt die nüchterne Analyse keine Zweifel zu: Der materielle Wohlstand junger Berufstätiger stagniert in vielen Industrienationen. In den USA sind die unter 30-Jährigen nun einkommensschwächer als Menschen im Rentenalter. Auch in sehr gut ausgebauten Sozialstaaten wie Österreich hat ein junger Mensch ein größeres Armutsrisiko als ein Pensionist. Und mit Blick auf die vergangenen 50 Jahre sind die Einkommen von Pensionisten und Älteren um ein Vielfaches schneller gewachsen als die von jungen Menschen. Die Party ist auf den Konten der Älteren zu sehen, bei den Jüngeren hingegen nur zu erahnen.

Schlechtes Timing, ganz schlechtes Timing

Die Millennials (Jahrgänge 1982 bis 1996), also diejenigen, die man heute auf dem Arbeitsmarkt wohl junge Menschen nennen würde, weil sie ungefähr 20 bis 38 Jahre alt sind, haben zum einen schlicht Pech gehabt. Sie sind rund um die große Krise von 2008 auf den Arbeitsmarkt gekommen, als es alles andere als gewiss war, welche Banken nach dem Wochenende noch ihre Filialen öffnen würden und welche Staaten wieder mit Hunderten Milliarden das Finanzsystem vor dem Kollaps retten würden. Sie haben nichts von der Phase miterlebt, als das Wachstum ungebrochen hoch war, aber die Inflation und die Arbeitslosigkeit angenehm niedrig blieben.[4] Die gute Lage ermöglichte vielen Menschen erfolgreiche Karrieren, regelmäßige Jobwechsel und laufend steigende Löhne.

Doch zum anderen dämmerte es längst, dass die Vorgänger der Millennials ihre Party etwas exzessiv gestaltet hatten. Bereits vor dem großen Crash war offensichtlich, dass sich die älteren Generationen massiv zusätzlich verschuldeten, um noch mehr möglichst schnell zu konsumieren. In Europa hat man, beseelt vom Friedensprojekt der Europäischen Union, vergessen sich zu überlegen, wie man aus dem Euroraum auch wirklich einen funktionierenden gemeinsamen Wirtschaftsraum machen könnte. Im angelsächsischen Raum hat man auf die gestiegene Ungleichheit zwischen den »Anywheres« und den »Somewheres«, also jenen Menschen, die dank ihrer guten Ausbildung und Weltgewandtheit überall leben und Geld verdienen können, und jenen, die eng mit ihrer Region verwurzelt sind, nur kurzsichtig reagiert.[5] Und darüber hinaus wurden die kleinen Erfolge der Umweltpolitik im Westen von den großen Verschmutzern in den aufstrebenden Volkswirtschaften in den Schatten gestellt. Kurzum: Man kümmerte sich weder um finanzielle noch um ökologische Nachhaltigkeit.

Ein schwerer Rucksack
Nicht nur wenn es um die Umwelt geht, haben die

Älteren der jüngeren Generation einen schweren Rucksack hinterlassen. Es ist klar, dass die Umweltverschmutzung, die eine Konsequenz des schnellen wirtschaftlichen Wachstums war, nicht mehr ohne Weiteres fortgesetzt werden kann. Statt »immer mehr«, wie es vor allem in China zu sehen war, werden die Strategien also entweder Verzicht oder Weiterentwicklung von schädlichen Technologien lauten müssen.

Auch die Staatsschulden, die ja nichts anderes sind als ein Transfer von den Jungen zu den Älteren, sind in der westlichen Welt explodiert. Standen die Industrienationen 1960 noch nur mit einem Drittel ihrer Wirtschaftsleistung in der Kreide, waren es 2015 bereits 92 Prozent.[6] Und die Schulden wurden nicht nur gemacht, um in gute Kindergärten und Schulen zu investieren, sondern um kurzfristig die Wirtschaft zu stützen, Reformen aufzuschieben oder Wahlgeschenke zu machen.

Großzügige Regelungen haben in vielen Bereichen vor 2008 für die eine oder andere Party gesorgt, ob es nun Banker gewesen sind, die von einem zum nächsten Bonuscheck gedacht haben, Politiker, die Reformen aufschoben und lieber neue Schulden machten, oder Pensionisten, die sich ohne gesundheitlichen Grund auf Kosten der jungen Beitragszahler in die finanziell lukrativere Frühpension verabschiedeten. Der ehemalige Chef der US-Bank Citigroup Charles Prince (Jahrgang 1950) brachte das Motto »seiner Generation«, die zwar vieles, aber nie eine tiefe Rezession erlebt hatte, mitten in der großen Finanzkrise unfreiwillig auf den Punkt. Auf die kritische Frage, ob nicht nach Jahren des schuldenfinanzierten Kapitalmarktbooms die Gefahr bestehe, dass es zu einer Krise kommt, sagte er die längst legendären Sätze: »When the music stops, in terms of liquidity, things will be complicated. But as long as the music is playing, you've got to get up and dance. We're still dancing.«[7] Das Motto also: Bloß nicht innehalten. Bloß nicht stoppen. Solange die Party läuft, einfach feiern. Vier Monate nach seinem Zitat war Prince seinen Job los. Die US-Steuerzahler mussten die Citigroup mit 476 Milliarden Dollar an Cash und Garantien retten.[8]

Nach mir die Sintflut

Tatsächlich ist es nicht unbedingt etwas Neues, wenn am Ende eines derart beeindruckenden Wachstumsprozesses einige ihren Kopf verlieren. Warren Buffett, einer der reichsten Menschen der Welt und ein von vielen Investoren vergötterter Guru, wenn es ums Geld geht und darum, wie man es behält, hat einmal gesagt: »Erst wenn die Ebbe kommt, sieht man, wer die ganze Zeit über nackt geschwommen ist.« Und ganz ähnlich verhält es sich mit dem Wirtschaften allgemein. Wer sich nicht um Nachhaltigkeit geschert hat, bekommt das zumeist erst dann zu spüren, wenn plötzlich Krise herrscht.

Gleichzeitig ist jede Anpassung natürlich sehr schmerzhaft. Sinkende Einkommen und Produktion wirken aus gutem Grund wie eine Anomalie für uns. Wachstum ist der wesentliche Treiber des Wirtschaftsmodells. Höhere Produktivität drückt sich in höheren Löhnen und Gewinnen aus, und damit lassen sich die sozialen Errungenschaften finanzieren, die westliche Wohlfahrtsstaaten und ihren Wohlstand auszeichnen:

Öffentliche Pensions-, Bildungs- und Sozialsysteme etwa. Großzügigere Freizeitregelungen. Teilzeitjobs, von denen man nicht so schlecht leben kann. Alle haben etwas von einer produktiveren Wirtschaft, selbst in jenen Berufen, die selten produktiver werden, kommt der Wohlstand an.

Wenn aber nun plötzlich die Schultern, auf denen die Errungenschaften und Institutionen stehen, immer schmaler werden, dann gerät viel ins Wanken. Daher wird es in den kommenden Kapiteln auch darum gehen, den Ursachen und Symptomen auf die Spur zu kommen, wenn es darum geht, warum die Jungen zu spät zur Party gekommen sind: Das heißt zunächst, sich in Kapitel 1 den **Folgen der Krise** für den Arbeitsmarkt und die Einkommen zu widmen. In Kapitel 2 wird es um das **Machtverhältnis zwischen den Generationen** gehen, bevor in Kapitel 3 betrachtet wird, warum **Sozialstaaten** manchmal Ungerechtigkeiten zwischen den Generationen eher verstärken als bekämpfen. In Kapitel 4 wird es um den wichtigsten Markt gehen, auf dem wir als Menschen unser Einkommen ausgeben und gegebenenfalls unser Vermögen aufbauen: Dem **Häuser- und Wohnungsmarkt**, der insbesondere in den großen Städten längst durch eine große Kluft zwischen Insidern, die schon lange da, und Outsidern, die gerade neu ankommen sind, gekennzeichnet ist. Von dem Höllentrip, in einer neuen Stadt eine leistbare Wohnung zu finden, bis zum mittlerweile weit entfernten Ziel für viele, selbst Immobilien-Eigentum zu schaffen. Dann wird es in Kapitel 5 um die relative **Entwertung von Bildungsabschlüssen** und das Prekariat im Bildungsbereich gehen. Weiters um die Notwendigkeit, aus der Herausforderung **Migration** die Chance zu machen, die sie ist (Kapitel 6). Und zuletzt auch noch um die allgegenwärtige **Umweltfrage** in Kapitel 7, die im Kern auch ein Kräftemessen zwischen jungen und älteren Generationen ist. Was das alles damit zu tun hat, um aus der »**Fertilitätsfalle**« zu kommen, darum geht es in Kapitel 8. Und wie die junge Generation **das Beste aus der Situation machen** kann, darum geht es im Schlusskapitel.

Nach der Party: Den Kater haben die anderen

Viele junge Menschen sind auch zehn Jahre nach dem Höhepunkt, dem Jahr der »Großen Rezession« 2008 noch mit den Folgen der schwersten Krise seit den 1930er-Jahren konfrontiert. Die Jugendarbeitslosigkeit hat sich erst langsam normalisiert und die schwere Schuldenkrise in Europa, als nicht gewiss war, ob die Staaten der Eurozone nicht in die Staatspleite schlittern werden, schwelt noch immer unter der Oberfläche. Und man hört immer öfter die Floskel:»Meine Kinder sollen es einmal zumindest nicht schlechter haben als ich.« Das ist vielleicht immer noch nicht schlecht im historischen Vergleich oder angesichts von Regionen auf der Welt mit weitaus niedrigerem Wohlstand als Kontinentaleuropa. Und doch ist es ein Downgrade. Die westliche Gesellschaft hat einen Kater, und diejenigen, die noch nicht einmal zum Feiern gekommen sind, müssen nun für die Entgiftung sorgen.

Kapitel 1
Der Crash
Rezessionen, Arbeitslosigkeit und anderes, was man so gar nicht braucht mit Mitte zwanzig

> *Geschehenes kann nicht*
> *ungeschehen gemacht werden.*
> Publius Terentius Afer (ca. 190–159 v. Chr.)

Florian hat es immer schon gewusst. »Wir sind einfach zu spät gekommen«, sagte er bei einem Treffen vor mittlerweile fast einem Jahrzehnt, im Jahr 2009. Es sei eine »crazy party« gewesen, was er von Vorgesetzten und Vorgängern so höre. Er hatte gerade wenige Wochen zuvor in London bei einer Bank zu arbeiten begonnen. Doch nicht bei irgendeiner Bank. Sein Arbeitgeber war Nomura Holdings. Wenn Sie sich nicht für japanische Großbanken interessieren, wird Ihnen der Name dieses Geldhauses wenig sagen. Besser bekannt war die Europa-Tochter des Instituts unter ihrem Namen von vor der Krise: Lehman Brothers Europe.

Florian war ein kluger Kopf. In unserem Jahrgang hat es zwar mathematisch Versiertere als ihn gegeben, doch er war in der Lage, seine finanzmathematische Ausbildung mit einer kräftigen Portion Witz und Souveränität an den Mann und die Frau zu bringen.

Seine Programmierkenntnisse wären zudem auch in vielen anderen Branchen höchst willkommen gewesen. Aber es hatte ihn zur Nachfolgerin der Pleite gegangenen US-Investmentbank in London verschlagen.

Als Florian bei den Überbleibseln des Instituts in Europa aufschlug, waren die neuen Eigentümer gerade damit beschäftigt, jeden Stein umzudrehen. Die Japaner versuchten, erfahrene Mitarbeiter mit großzügigen Boni zu halten. Dafür haben die jungen Analysten durch die Finger geschaut. Die gingen mit einem Drittel weniger nach Hause als noch vor der Krise, dafür wurden sie sogar in regelmäßigen Abständen für ein paar Wochen vor die Tür gesetzt, damit das Unternehmen nicht verpflichtet war, sie fest anzustellen. Florian schrieb immer wieder Emails mit dem Betreff »Nach der goldenen Ära«, wenn er etwa wieder eine Anekdote der Altvorderen zu den sprichwörtlichen Champagner-Partys gehört hatte. Die goldene Ära war für ihn jedenfalls dort nicht zu finden. Nach einem Jahr wechselte er den Job – und nach drei Jahren die Branche.

Das Ende des »Immer Mehr«

Die Rede vom Ende einer goldenen Ära haben viele junge Menschen in Europa schon gehört: Ob nun am Bankenstandort London oder in Berlin oder Wien, aber genauso in den Hauptstädten der europäischen Krisenländer. Zu der goldenen Ära zählten stetig steigende Löhne, auch Aufstiegschancen und spätere Führungsverantwortung, mehr Geld für höheres Bildungsniveau und stabile Karriereleitern.

Früher, das hatte nicht nur Florian gehört, war der Einstieg im Londoner Investmentbanking ungefähr mit einem Ticket in den allerschnellsten Aufzug für den sozialen Aufstieg zu vergleichen. Der Deal war einfach: Einige Jahre für eine der großen Investmentbanken buckeln, eine um die andere Nachtschicht schieben, dafür kann man sich am Ende, wenn man in der Zwischenzeit keine über die Maßen teuren Hobbys aufgerissen hat, in der Heimat ein paar Eigentumswohnungen kaufen. »Wohlstand schaffen« im Schnelldurchlauf, hätte das die Elterngeneration wohl genannt. Die Finanzkrise hat dieses Spiel weitgehend beendet. Keine Frage: Es gibt auch heute noch genügend Banker, die gut verdienen. Dazu reicht ein Blick in die nationalen Lohnsteuerstatistiken. Die Finanzbranche ist auch heute noch für viele Angestellte ein lukrativer Sektor. Und es hat sein Gutes, dass die teils extrem hohen Bonuszahlungen der Vergangenheit ebenjener angehören. Schließlich war der Finanzsektor hauptverantwortlich für viele finanzielle Exzesse.

Aber das mit der rauschenden Party ist für unsere Generation jedenfalls vorbei. Darauf weisen die immer wiederkehrenden Meldungen von den Zehntausenden Entlassungen bei der einen oder der anderen Bank hin. Heute beschäftigen die Banken in der Eurozone rund 17 Prozent oder 383 000 Menschen weniger als noch vor der Krise. 120 000 Jobs sind in Großbritannien weggefallen, ebenso viele in Deutschland.[9] Und es gilt auch für die Finanzwelt: Der Wettbewerb um die verbliebenen Plätze an der vermeintlichen Sonne ist extrem hart geworden. Wie hart, das zeigte besonders grausam der Fall Ehrhardt. Tagelanges Durcharbeiten, wenige Pausen und kaum Schlaf sind zum Alltag junger Anfänger geworden. 2013 sorgte der Todesfall des

21-jährigen deutschen Bank-of-America-Praktikanten Moritz Ehrhardt dafür, dass die Praxis der Nachtschichten bis vier Uhr früh einmal in einer breiteren Öffentlichkeit diskutiert wurde.[10]

Generation Stillstand

Der »Lehman-Moment« war in jedem Fall ein einschneidendes Ereignis. Am 15. September 2008 kollabierte die altehrwürdige US-Investmentbank Lehman Brothers. Bilder von den Mitarbeitern, die ihre Arbeitsutensilien in großen braunen Kartons aus dem Gebäude trugen, machten die Runde. Und geradezu unsichtbar schickte diese Pleite Schockwellen durch alle Finanzzentren der Welt. Was an Bankenpleiten und Staatshilfen nötig werden sollte, wurde durch diesen Moment noch verstärkt.

Es war nicht nur für die in den Medien häufig abgelichteten Bankangestellten, Finanzminister oder Unternehmenschefs ein einschneidendes Ereignis, auch nicht nur für Menschen wie Florian, die schnell auf besonders hoch dotierte Jobs gehofft hatten. Sondern auch für die *innocent bystanders*, gerade für die junge Generation, ist aus dem Finanzschock mit der Zeit ein wirtschaftlicher Schock geworden, der erklären hilft, warum sich so viel Pessimismus durchgesetzt hat hinsichtlich des zentralen Wohlstandsversprechens von »Meine Kinder sollen es einmal besser haben als ich«.

Dass die heute 20- bis 37-Jährigen auf unterschiedliche Weise von der Finanzkrise betroffen waren, ist klar. Je nach Land, Branche und der ganz persönlichen Geschichte empfindet man die Krise vielleicht sogar als allgegenwärtig – oder spürt sie nur am Rande, in Gesprächen mit Freunden oder beim direkten Vergleich mit den Erwerbsbiografien der eigenen Eltern. Natürlich wirkte sich die Krise auf Florian im Vergleich zu jungen Menschen in Spanien oder Griechenland anders aus.

Aber dass die junge Generation insgesamt stark betroffen ist, zeigen die Daten, ob man sie sich nun für Großbritannien, die USA, Deutschland, Italien oder Österreich ansieht. Denn die meisten jungen Menschen waren just zu einem Zeitpunkt auf Jobsuche und wollten mit dem Karriereaufbau beginnen, als die Wirtschaftssysteme der westlichen Welt sichtbar erschüttert wurden. Das lässt sich an der Wirtschaftsleistung schnell ablesen. Das Bruttoinlandsprodukt pro Einwohner ist eine ganz gute Maßzahl für den Wohlstand einer Gesellschaft. Selbst wenn sie noch nichts über die Verteilung des Erwirtschafteten oder die Nachhaltigkeit für die Umwelt aussagt, so ist ein hohes BIP-pro-Kopf-Wachstum doch ein Indikator für die Spielräume und die Kaufkraft in einer Gesellschaft. Einer meiner VWL-Professoren meinte stets: »Ja, das BIP-Wachstum ist nicht alles. Aber ohne Wachstum ist alles viel schwieriger.« Soll heißen: Wenn Produktion und Einkommen eben nicht steigen, sind neue Arbeitsplätze rar, Steuergelder für neue Schulen oder Krankenhäuser sprudeln nicht ganz so und die Mittel, um eine Wohnungsnot in den Ballungszentren zu lindern, sind auch knapper. Und es ist offensichtlich, dass die jungen Generationen in dieser Hinsicht kein Glück hatten. Aus der Wohlstandsperspektive sind sie die »Generation Stillstand«.

»It's the economy, stupid!«

Die folgende Grafik zeigt für verschiedene Generationen, wie sich die Wirtschaftsleistung pro Kopf in
den zehn Jahren nach dem Eintreten in die Volljährig-
keit entwickelt hat. Das ist die Zeit, in der viele junge
Menschen ihre ersten Jobs annehmen. Die Grafik zeigt,
dass der Wohlstandszuwachs für die Generation der
Babyboomer noch spürbar größer war als für die Generation X und noch einmal deutlich höher als für die
Millennials.[11]

Schlechtes Timing, weniger Wachstum

*Wie stark ist das Bruttoinlandsprodukt pro Kopf real in den ersten zehn
Jahren nach dem 18. Geburtstag gewachsen? Für die Jahrgänge
1980–1994 deutlich langsamer als für die Babyboomer.*

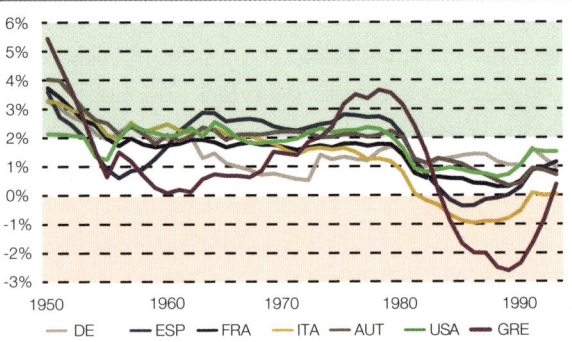

Quelle: EU-Kommission, AMECO.

Das hat viele Folgen: Andrew Van Dam hat diese Trends
für die US-Tageszeitung *Washington Post* beschrieben
und den Schluss gezogen, dass die große Wirtschaftskrise und ein zunehmend zweigeteilter Arbeitsmarkt,
der nur noch für sehr gut ausgebildete junge Menschen
gute Jobs bereitstellt, die Lebensentwürfe der jungen
Generation von Grund auf verändert. Man heiratet

später, bekommt später Kinder, zieht später in größere Wohnungen. Nicht bloß, weil das eine hippe *Lifestyle-Choice* für mehr Nachhaltigkeit oder weniger Verantwortung wäre. Sondern Millennials sind wirklich besonders, schreibt Van Dam, und zwar aus ökonomischen Gründen. »It's the economy, stupid!«, könnte man in Anlehnung an Bill Clintons erfolgreichen Wahlkampf-Claim auch sagen.

Die Daten zeigen aber auch, dass es nicht nur in den USA oder Großbritannien eine enorme Kluft zwischen den Generationen gibt. Die real existierende Stagnation war auch für die Millennials in Österreich oder Deutschland zu spüren. In den europäischen Krisenländern Griechenland und Italien waren die Entwicklungen sogar verheerend. Ganz anders war es hingegen in osteuropäischen und asiatischen Volkswirtschaften, in denen die junge Generation eine Wohlstandsmehrung erlebte. Doch für die Wohlstandsmaschine in den Industrieländern gilt: Der Motor ist für viele Menschen ins Stocken geraten. Es ist dieser Stillstand, den der *Guardian* etwa »Verrat« an der jungen Generation nannte.

Ins Leere treten
Warum ist Wachstum so wichtig?, werden Sie vielleicht fragen. Warum soll es einer Alterskohorte, Millionen von jungen Menschen, etwas ausmachen, ob das Bruttoinlandsprodukt in den Jahren nach ihrem Schulabschluss um ein, zwei oder drei Prozent wächst? Weil eine gute Wirtschaftsentwicklung zu festen Sprossen auf der Karriereleiter beiträgt. Niemand ist gezwungen, die Sprossen schnell zu nehmen, aber eine gute wirt-

schaftliche Lage ermöglicht auch Aufstieg. Unsicherheit
hingegen macht die Sprossen morsch und brüchig,
ganz besonders in Branchen, die von der Krise schwer
getroffen sind.

Natürlich sind die Karrieremöglichkeiten auch
branchenabhängig sehr unterschiedlich. In der Medienbranche etwa hat nicht einfach nur eine Finanzkrise ge-
wütet und die Lebenspläne vieler angehender Journalisten, Grafiker oder Medienmacher auf den Kopf gestellt.
Die Digitalisierung hat althergebrachte und hoch ein-
trägliche Geschäftsmodelle zum Teil drastisch weniger
aussichtsreich gemacht. Dafür sind andere, schnellere,
kleinere Nischenplayer entstanden. Aus vermeintlich
florierenden Branchen für Hunderttausende Beschäftigte wurden dadurch aber Restrukturierungsfälle.

Am Ende der goldenen Medien-Ära
Ein Beispiel ist die Medienbranche: Junge Journalisten
etwa werden zu deutlich schlechteren Konditionen angestellt als langjährige Journalisten, haben weniger Ge-
haltssprünge und sind oft befristet, frei oder in Teilzeit
beschäftigt. Dafür gibt und gab es viele Beispiele aus
österreichischen oder deutschen Medienhäusern. Die
sehr guten Bedingungen der Babyboomer galten hier
stets als »wohlerworbene Rechte«, an denen es nicht zu
rütteln galt. Zu diesem Konzept kommen wir noch aus-
führlicher, aber im Kern zeigt es nichts anderes, als dass
Privilegien manchmal »sticky« sind, also hartnäckig
bleiben, selbst wenn sich die Situation rundherum grund-
legend verändert haben sollte. Dafür mussten die Bedingungen für die neu Eintretenden noch stärker nach
unten nivelliert werden, um effektiv Kosten zu sparen.

Daran zeigt sich gut, wie Europas konservative Sozialstaaten tendenziell für duale Arbeitsmärkte sorgen. Es gibt also einen Markt für Insider, meist ältere Kollegen, die schon »lange im Geschäft« sind und dadurch viele »wohlerworbene Rechte« wie hohe Abfertigungen und lange Kündigungsfristen erworben haben, und einen Markt für Outsider, die gerade erst Fuß fassen wollen und im Zweifel kaum ein Sicherheitsnetz haben. Letztere können leicht gefeuert werden, sie haben wenig Anspruch auf Urlaub, Gehaltsvorrückungen oder Boni. Erstere haben erhöhten Kündigungsschutz, erhalten großzügige Abfertigungen, genießen automatische Vorrückungen. Besonders krass sind diese Beispiele in Branchen, die von dem goldenen schnell ins dunkle Zeitalter übergegangen sind. Der Journalismus, die Medienszene im deutschsprachigen Raum etwa war und ist in vielen Zeitungsverlagen ein sehr gutes Geschäft für jene Kollegen, die schon lange dabei sind, und ein sehr schlechtes Geschäft für Junge.

Warum eine Krise Narben hinterlässt

Es gibt also gute Gründe dafür, in Generationen und nicht nur in Milieus, Klassen oder Nationalitäten zu denken. Wenn junge Menschen ihre ersten Schritte auf dem Arbeitsmarkt während einer schweren Finanz- und Wirtschaftskrise machen, gleicht das einem nicht enden wollenden Hindernisparcours. Das macht etwas mit einer Alterskohorte. Es brennt sich in die Lebensläufe ein, ist noch Jahrzehnte später sichtbar. Dieses blöde Timing, dieses Pech hat auch einen anderen Namen: Eine Narbe. Ökonomen beschäftigen sich nicht erst seit Kurzem mit diesem Phänomen.[12] Aber die Wirtschafts- und Finanzkrise von 2008 hat wohl so viele Narben auf den Lebensläufen junger Menschen geschlagen wie schon lange keine Krise mehr: In Kontinentaleuropa, Großbritannien, den USA und anderen entwickelten Ländern ist dieses Phänomen besonders ausgeprägt – hohe Arbeitslosigkeit, niedrige Einstiegsgehälter, viele prekäre Beschäftigungen besonders zu Karrierebeginn.

Zeit ist also Geld. Der falsche Zeitpunkt bedeutet weniger Geld. Wer zu spät zur Party kommt, dem bleiben die Reste, die Krümel übrig. Allein die Tatsache, dass viele der jungen Erwachsenen just in einer Zeit auf den Arbeitsmarkt kamen, als die größte Wirtschafts- und Finanzkrise wütete, die es seit Jahrzehnten gegeben hatte, wird Narben hinterlassen. Erwerbskarrieren, die weniger golden beginnen, werden – selbst wenn sie sich dann gut entwickeln – Einbußen über das gesamte Lebenseinkommen mit sich bringen.[13] Dieser Effekt ist nicht neu und wurde von vielen Forschern untersucht. Solches Pech wurde schon bei vergangenen Krisen dokumentiert. Wer ausgerechnet in einer Krisenzeit auf den Arbeitsmarkt kommt, dessen Einkommen und Beschäftigungssituation wird sich erst mit der Zeit langsam von diesem Pech erholen. Er oder sie wird häufiger mit Arbeitslosigkeit oder atypischer Beschäftigung konfrontiert sein. Die US-Amerikaner haben für solche Fälle ein hilfloses Bonmot: »I wouldn't start from here.« Das Problem ist bloß: Eine Generation oder Alterskohorte hat keine Wahl.

Der Effekt ist aber diesmal aus verschiedenen Gründen wesentlich größer. Schließlich ist die Krise von 2008 »fundamental anders als andere Rezessionen der Nachkriegszeit«, wie es die Ökonomin Christina Romer, Beraterin des US-Präsidenten Barack Obama, einmal sagte. »Das ist keine Rezession, wie sie mein Vater erlebt hätte. […] Eine vollständige Kernschmelze in der größten Volkswirtschaft der Welt und dem globalen Finanzzentrum ist etwas, von dem die Welt im vorigen Jahrhundert verschont geblieben ist – bis auf die 1930er-Jahre.«[14]

Und tatsächlich zeigen viele Studien auch, wie sichtbar diese Narben mittlerweile sind. Der Finanzcrash hat aus den Millennials eine »Krisen-Kohorte« gemacht, die nicht nur über sinkende Löhne, höhere Arbeitslosigkeit oder unsichere Jobs zu klagen hat, sondern die deswegen auch ihre Entscheidungen für Nachwuchs oder Immobilienerwerb anders treffen muss. Weniger und später, lautet nicht selten die Devise. Geld schafft nun mal Freiheit. Und das ist zumeist auch die Freiheit, Entscheidungen zu treffen, die die Weichen für die Zukunft stellen. Wer allerdings nicht in der Lage ist, sich mit den großen Fragen der eigenen Zukunft zu beschäftigen, setzt sich vielleicht eher mit den kleinen Fragen des Alltags auseinander. Man ist vielleicht Feuer und Flamme für das Verbot von Einwegplastiksackerln, aber ständig unter Druck, weil man eigentlich im Berufsleben nicht weiter- und dadurch nicht wirklich über die Runden kommt. In der *NZZ* ist einmal zugespitzt geschrieben worden: »Millennials sind keine Öko-Hipster – sondern eine von Erwerbsarmut bedrohte Generation.«[15] Der Satz enthält mehr als ein Körnchen Wahrheit, wie die Daten zeigen.

Es ist also vielleicht keine Überraschung, wenn in den letzten Jahren oft besonders pessimistische Texte über meine Generation geschrieben und vielfach geteilt wurden. Gerade die von der Krise gebeutelte Medienbranche verstärkt damit manchmal die tatsächlich festzustellenden Trends der generationellen Ungerechtigkeiten. Wenn etwa die Millennials als die »glückloseste Generation aller Zeiten« bezeichnet werden, ist das im langfristigen historischen Kontext zwar sicher Blödsinn, für die Nachkriegsgenerationen aber wohl eine durchaus zutreffende Feststellung. Das erste Mal auf dem Arbeitsmarkt Fuß zu fassen ist immer auch eine Glücksfrage gewesen: Die »richtige« Ausbildung, ein Praktikum zur rechten Zeit oder auch nur gute Kontakte können für erfolgreiche erste Schritte auf dem Arbeitsmarkt sorgen. Doch es macht sich eine gewisse Resignation breit, gerade in Ländern, in denen sich die wirtschaftliche Lage dramatisch verschlechtert hat, wenn es relativ schwierig ist Tritt zu fassen, selbst wenn man gut ausgebildet ist und bereit wäre hart zu arbeiten. *Atlantic*-Autor Derek Thompson bringt die Resignation auf eine einfache Formel: »The rules have changed: Heads, you lose; tails, you're disqualified.«[16]

Generación Ni-Ni

Im Jahr 2013 war mindestens jeder zweite junge Mensch in Spanien arbeitslos. Die offizielle Zahl zur Arbeitslosigkeit der 15- bis 24-jährigen Spanierinnen und Spanier wurde mit 55,48 Prozent angegeben.[17] In Griechenland lag die Zahl noch etwas höher. In Italien noch um gut 15 Prozentpunkte darunter. Eine Doktorandin, die ich in dem Jahr auf einer internationalen Konferenz in Frankfurt kennenlernte, bemerkte nach ihrem Vortrag recht lapidar: »Es ist gerade nicht sehr klug, in Spanien jung zu sein.« Wohnungssuche, Jobsuche, Familienplanung – alles gestalte sich höchst kompliziert, weil in den Jahren der großen Krise befristete, prekäre Jobs die Regel waren. *Generación Ni-Ni* wurden die jungen Menschen in Spanien genannt, eine Alterskohorte, die oft weder in Beschäftigung noch in Ausbildung ist – *ni trabaja, ni estudia*[18]. In Griechenland hat sich die Bezeichnung der Generation 500 durchgesetzt. Den Spitznamen tragen sie, weil es ein Regierungsprogramm gegeben hat, das junge Absolventen zu einem Lohn von 500 Euro beschäftigte.

Die wirtschaftlich extrem schwierige Situation in Südeuropa mag ein Ausreißer sein, eine besonders krasse Folge des Endes des Kreditbooms, mithilfe dessen viele Regierungen verstecken konnten, wie schlecht es der Wirtschaft in Wahrheit geht. Insbesondere mit einem Haushalt auf Pump, selbst als die Weltwirtschaft noch kräftig wuchs.

Der Fluch der späten Geburt
Der Fluch der späten Geburt existiert aber nicht nur, weil die große Krise just »zum falschen Zeitpunkt« eintrat. Die Generation ist mit weniger Wachstum, mehr Unsicherheit und höherer Arbeitslosigkeit konfrontiert, gerade weil die meisten Industriestaaten dieser Erde bereits vor der Krise kräftig verschuldet waren. Und um sich gegen die Folgen der großen Wirtschaftskrise zu stemmen, wurden noch mehr Schulden aufgenommen. Waren es vor der Krise besonders Private, die über ihre Verhältnisse lebten, sprang danach der Staat ein. Die Schuldenstände der

öffentlichen Hand sind heute um gut 157 Prozent höher, als sie das zum Beginn des Geburtenjahrgangs der Millennials 1982 waren. Auch das ist eine echte Belastung für die zukünftigen Generationen.[19]

Denn gleichzeitig sind die Steuer- und Abgabenquoten heute deutlich höher als noch vor einer Generation. Die Schulden wurden also gemacht, obwohl die Einnahmen hoch waren. 1990 lag die Quote der Staatseinnahmen in Relation zum BIP noch bei 31,9 Prozent in den Industrieländern. 2017 sind es bereits 34,2 Prozent. Es mag Aufs und Abs gegeben haben oder einen Unterschied zwischen den einzelnen Ländern, doch im Schnitt zahlt man heute mehr Steuern und Abgaben in der westlichen Welt bei gleichzeitig deutlich höheren Schulden.

Für einen jungen Menschen ist es ja an sich auch logisch: Wer arbeitet, muss auch sehr viel abliefern, damit der Sozialstaat am Laufen bleibt. Kinder und Rentner gleichermaßen müssen von der arbeitenden Bevölkerung versorgt werden, aber gleichzeitig wollen die alten Schulden bedient werden. »Die Gelackmeierten sind immer die nächsten: wir«, schrieb Thomas Kleine-Brokoff bereits 1997.[20] Dabei ist klar, dass viele junge Menschen gerade in Europa in eine Doppelmühle geraten sind: Sie müssen die jetzt noch sehr großzügigen Sozialstaaten am Laufen halten, bekommen gleichzeitig auf lange Sicht deutlich weniger, liefern aber so hohe Steuern ab, dass sie zu wenig haben, um selbst noch vorsorgen zu können. Daran können und wollen gerade die älteren Generationen wenig ändern (etwa durch längeres Arbeiten und Einzahlen).

Die Politik verschläft besonders heikle, langfristig wichtige Projekte, ob es sich nun um Pensionsreformen, Bildungsinvestitionen oder sonstige Mammutprojekte handelt – sie werden auf die lange Bank geschoben. Inzwischen warnen jedenfalls die unabhängigen Thinktanks und Analysten. Ob nun beim Internationalen Währungsfonds, der OECD oder in der EU-Kommission, bei Arbeitgeber-Verbänden und bei so mancher arbeitnehmernahen Organisation: Überall ist man sich einig, dass den Leuten mehr von ihrem Erarbeiteten bleiben sollte und die Ausgaben für den demografischen Wandel mithilfe von dringend nötigen Reformen zumindest etwas abgefedert werden müssen.

Krisen formen Generationen

Es sind gerade auch diese ökonomischen Kräfte, die aus den Millionen von unterschiedlichen Menschen mit ihren ganz eigenen Geschichten und Wegen, Generationen formen. Weil es einfach einen Unterschied macht, wann die 20-Jährigen gemeinsam ihre Ausbildung beenden und auf den Arbeitsmarkt kommen oder die 30-Jährigen mit ihren Karriere- und Familienplanungen beschäftigt sind. Sie sind alle mit ähnlichen Herausforderungen konfrontiert: Krisen auf dem Arbeitsmarkt, geringere Einkommenschancen, hohe Schulden der öffentlichen Hand, die weniger Mittel für Bildung und Kindergärten bereitstellen kann, dafür mehr für Pensionen erübrigen muss.

Eine ganz zentrale Kennzahl, die zeigt, dass die jungen Erwachsenen heute von den älteren Kohorten abgehängt worden sind, ist das Einkommen. Geld mag nicht alles sein, aber vom Geld hängen viele Entscheidungen ab. Eine der aussagekräftigen Datenbanken zu Einkommensdaten, die sich nicht nur über mehrere Jahrzehnte erstreckt, sondern zugleich auch über verschiedene Länder, sind die Luxembourg Income Studies (LIS). Und auf Basis dieser Daten muss man zu dem Ergebnis kommen: Die jungen Erwachsenen sind im Verhältnis zum Rest der Gesellschaft zurückgefallen, was ein sehr seltener Fall in der Geschichte der Industrienationen ist.[21] Es klingt ganz nach dem, was der Autor Joseph C. Sternberg den »Diebstahl eines Jahrzehnts« nennt.[22]

Wachstum, welches Wachstum?
Solche harschen Bewertungen liegen den Experten von der OECD, der Organisation für wirtschaftliche Zusammenarbeit und Entwicklung, natürlich fern. Dieser »Thinktank der Industrienationen« hat 2019 eine Studie veröffentlicht, die sich an sich mit einem anderen Thema beschäftigt: Wie sehr denn die Mittelschicht unter Druck ist. Doch an mehreren Stellen scheint dann doch durch, dass das oft gehörte Lamento von der schrumpfenden Mittelschicht vor allem eine Frage des Alters ist. Die Chancen, der Mittelschicht anzugehören, sind demnach für die Millennials kleiner, als sie das noch für die Generation davor waren. Und das, obwohl die jungen Erwachsenen im Schnitt deutlich besser ausgebildet sind. »Es ist schwieriger für junge Generationen geworden, es in die Mittelschicht zu schaffen. Das liegt daran, dass ältere Generationen oft besser vor Veränderungen und Risiken auf dem Arbeitsmarkt geschützt sind als jüngere.«[23]

Eine detaillierte Untersuchung der Resolution Foundation[24] in Großbritannien auf Basis der Luxembourg Income Studies liefert eine weitere ernüchternde Erkenntnis: Der generationelle Einkommensfortschritt hat sich deutlich verlangsamt oder gar umgekehrt. Die Untersuchung zeigt, dass es bereits die Generation X ist (Jahrgänge 1966–1980), deren Einkommen durch die Krise weniger gewachsen sind. Bei den Millennials (Jahrgänge 1982–2000) allerdings ist aber auch von diesem Mini-Wachstum nichts mehr zu sehen.

Die Kinder sollen es einmal besser haben?

Einkommenszuwächse je nach Kohorte: Veränderung des mittleren verfügbaren Haushaltseinkommens zwischen Generationen in sieben Industrieländern*.

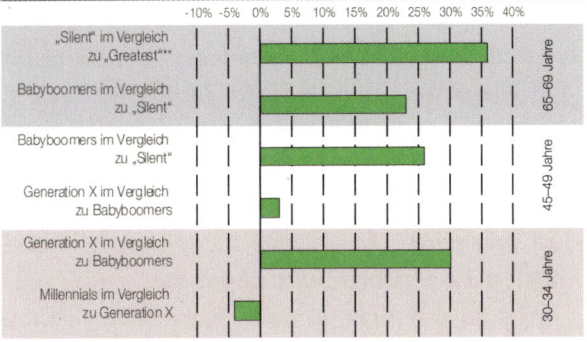

Quelle: Resolution Foundation, LIS Database. Link: http://bit.ly/KohortenEink
* Die Länder beinhalten aus Datengründen Norwegen, UK, Finnland, Dänemark, die USA, Italien und Spanien.
** Wann wurden die hier skizzierten Generationen geboren? Greatest Generation (1911–1925), Silent Generation (1926–1945), Babyboomers (1945–1965), Generation X (1966–1980), Millennials (1981–2000).

Das ganz offensichtlich trübe Bild, das Wirtschaftsforscher und wichtige Organisationen wie die OECD aus den Daten zeichnen, mag in Deutschland, der Schweiz oder Österreich überraschend daherkommen. Hier geht es doch den meisten Menschen gut, die

Krise hat eher auf den Titelseiten der Zeitungen als in der Lebensrealität vieler Menschen Einzug gehalten. Dabei sind auch hier die Effekte durchaus spürbar. Eine Analyse der wirklichen Krisenjahre 2008 bis 2016 etwa zeigt, dass die Einkommen junger Menschen im Schnitt deutlich schwächer gewachsen sind als jene der älteren Kohorten. Das Beispiel Österreich: Hier sind die gesamten Einkommen der 20- bis 39-Jährigen um real ein Prozent gesunken, diejenigen der Kohorte 60+ aber um 12 Prozent gestiegen. In Italien ist die Situation noch deutlich krasser: Die Einkommen der 20- bis 39-Jährigen sind um 19 Prozent gesunken, die Einkommen der Alten um sechs Prozent gestiegen.[25]

Natürlich haben die Finanz- und die spätere Schuldenkrise Länder wie Italien erwischt. Doch hier sind es gerade junge Menschen gewesen, die zum Handkuss gekommen sind. Die Jugendarbeitslosigkeit in Ländern wie Griechenland, Spanien oder Italien ist nun schon lange wirklich außergewöhnlich hoch. Doch auch bei den Jüngeren in Deutschland oder Österreich sind Verwerfungen zu beobachten, so etwa höhere Anteile bei atypischen Beschäftigungen.

Die heute jungen Erwachsenen sehen sich mit einer höheren Gefahr konfrontiert, zerklüftete Erwerbsbiografien aufzuweisen und von älteren Kohorten abgehängt zu werden. So viel steht fest, wenn man sich die Daten ansieht, die über die Industrienationen zur Verfügung stehen. Oder anders gesagt: Es gibt zwar in einigen Ländern immer noch zweifelsohne eine Party, doch es ist schwieriger geworden, eine Einladung dafür zu bekommen.

Vom guten Leben

Der US-Nobelpreisträger Angus Deaton hat die ersten Worte in seinem Buch sorgfältig gewählt. »Das menschliche Leben ist heute besser als zu jedem früheren Zeitpunkt in der Menschheitsgeschichte. Mehr Menschen denn je sind wohlhabend und weniger Menschen als jemals zuvor leben in bitterer Armut.«[26] Doch es wird relativ schwierig, viele junge Erwachsene zwischen 20 und 35 Jahren in westlichen Gesellschaften davon zu überzeugen. Weil deren Lebensrealität dann doch vielfach anders aussieht. Denn dann müsste man vielleicht ergänzen: Leider sind gerade im Westen viele zu spät zur Party gekommen.

Ja, es stimmt. Es gibt viele gute Gründe für Optimismus: Der Kalte Krieg ist vorüber, die Globalisierung hat Hunderte Millionen Menschen aus der Armut befreit, und der technische Fortschritt hat es möglich gemacht, dass man dank eines einzigen Smartphones heute vom Briefeverschicken über das Telefonieren bis hin zum Fotografieren nur einen Wisch entfernt ist.

Aber ganz so einfach ist es nicht. Denn die Chancen und Risiken, die schmerzlichen Anpassungen und risikolosen Gewinne sind nicht unbedingt fair verteilt. Die gute Wirtschaftslage vor 2008 war für einige eben richtig gut. Steigende Einkommen, steigende Vermögen und auch noch freizügige Kredite der Banken, um sich noch mehr auf Pump zu kaufen. Zu dieser Party ist die junge Generation zu spät gekommen, und die Altlasten sind immer noch deutlich sichtbar. Die Einkommen haben sich nach 2008 schwächer entwickelt. Die Arbeitslosigkeit hat tiefe Narben auf den Erwerbsbiografien hinterlassen. Und die Politik?

Sie hat nicht unbedingt angemessen reagiert, wie sich im Folgenden zeigt.

Kapitel 2
Die Mehrheit
Warum wir über Generationen reden
müssen und so alt geworden sind

Ich habe keine Hoffnung mehr für die Zukunft
unseres Volkes, wenn sie von der leichtfertigen
Jugend von heute abhängig sein sollte.
Denn diese Jugend ist ohne Zweifel unerträglich,
rücksichtslos und altklug.
Als ich noch jung war, lehrte man uns gutes
Benehmen und Respekt vor den Eltern. Aber die
Jugend von heute will alles besser wissen.

Hesiod (*700 v. Chr.)

Mit Generationen ist das so eine Sache. Und mit Büchern über sie schon zweimal. Es fällt schwer, Menschen über einen Kamm zu scheren, nur weil sie im
selben Jahr geboren wurden oder zumindest nur wenige Lebensjahre zwischen ihnen liegen. Blättert man
durch so manches Buch, Magazin oder liest Tageszeitungstexte zu dem Thema, landet man schnell beim
»Ageism« – also einem auf dem Alter basierten Austausch von Vorurteilen.

Es hat eine gewisse Tradition, dass, wenn von Generationen oder gar einem »Generationenkonflikt« die
Rede ist, oft Ressentiments und Verallgemeinerungen
bedient werden. Keines davon ist älter als jenes Vor

urteil von der faulen Jugend, die das hart erarbeitete gesellschaftliche Vermögen verprasst und nichts als Flausen im Kopf hat. Das war schon bei Hesiod 700 v. Chr. so, und seine Kritik an seinen Nachfahren würde wohl auch so mancher 2700 Jahre später unterschreiben.

Wer es nicht glaubt, sollte sich die teils heftigen Diskussionen um die »Millennial«-Generation ansehen, die da geführt werden. Einige der Diskussionen drehen sich tatsächlich um Avocados. So gilt der Verzehr von teuren Avocados als Synonym für die verschwenderischen, selbstverliebten Hipster, die lieber einen tollen Brunch auf Instagram teilen, statt etwas für ihre Altersvorsorge auf die Seite zu legen. Getreu dem Motto: »Als ich noch jung war, lehrte man uns noch, mit einem schlichten Marmeladebrot auszukommen.« Heute aber, heißt es, würden sich die jungen Menschen für eine Avocado auf selbst gebackenem Bio-Dinkelbrot anstellen. Der australische Milliardär Tim Gurner hat eine weltweite Debatte ausgelöst, als er sagte: »When I was trying to buy my first home, I wasn't buying smashed avocado for $19 and four coffees at $4 each.« [27] Kurzum: Es geht den jungen Menschen gut genug, um teuer zu frühstücken. Selbst Schuld, wer solche Prioritäten setzt.

Die Vorurteile sind jedenfalls weit verbreitet. Wenn Sie in der Suchmaschine von Google »Millennials sind …« oder »Generation Y ist …« eingeben, wird wahlweise mit den Worten faul oder anspruchsvoll vervollständigt. Was der Algorithmus da vorschlägt, deutet auf das hin, was zu dem Thema gesucht – und gefunden – wird. Wer Google die Sätze zur Elterngeneration vervollständigen lässt (»Babyboomers are …«) bekommt auch allerlei Negatives geboten: von »das Problem« über »selbstsüchtig« bis zu »die Schlimmsten« (»the worst«).

Warum der Generationenkonflikt logisch ist

Doch derartig simple Vorurteile über Generationen helfen nicht weiter. Die Anekdoten von teuren Avocado-Brunches und Kaffees zeigen aber auf, dass es nicht untypisch ist, dass es Spannungen zwischen den Generationen gibt. Das ist aber auch logisch. Schließlich braucht es immer Transfers und Vorleistungen zwischen den Generationen. Es ist völlig normal, dass die eine Generation für die andere Generation aufkommt. Die arbeitende Bevölkerung finanziert die Bildung der Kinder und den Lebensabend der Senioren. Das ist in einigen Ländern staatlich organisiert, über Steuern und Sozialversicherungsbeiträge. In anderen Ländern ist es privat organisiert, über private Pensionsfonds. In den meisten gibt es sowohl öffentliche als auch private Aspekte des Umverteilungsmechanismus zwischen den Altersgruppen. Und manchmal passiert es eben, dass eine Generation etwas mehr Glück hat, also stabile Arbeitsmärkte und stetes Wachstum vorfindet, als das ihre Vorgänger oder Nachfolger tun.

Die Kohorte und ich

Für den Einzelnen hält das Leben ja viele Überraschungen bereit. Und kein Lebenslauf gleicht dem anderen. Doch für die Gesellschaft ist das Leben relativ vorhersagbar. Demografen können mithilfe von Geburts- und Sterbestatistik relativ präzise vorhersagen, wie sich eine Gesellschaft entwickeln wird. Die eine oder andere

Unsicherheit gibt es freilich immer: Werden die Menschen auch in 20 Jahren ungefähr gleich viele Kinder bekommen wie heute? Gibt es Zuwanderung und Fluchtbewegungen wie etwa jene im Jahr 2015? Aber das Verhältnis von Generationen ist eigentlich weitgehend vorherzusehen. Denn viel von der künftigen Zusammensetzung der Gesellschaft ist durch ihre heutige Mischung bestimmt.

Und nicht nur zahlenmäßig ist das Leben gut einzuschätzen. Es ist auch für den Einzelnen relativ absehbar, welche Abschnitte das Leben »im Schnitt« so bereithält. In der Jugend wird die Schulbank gedrückt, als Erwachsener werden Familien gegründet, in vielen Ländern Eigenheime angeschafft und der Arbeit nachgegangen, und im Alter wird der Ruhestand genossen, die Ersparnisse werden aufgezehrt, und es wird nach etwaigen Enkeln geschaut. So weit, so vorhersehbar. Wie gedrängt es auf der Schulbank, auf dem Immobilienmarkt und in der Arbeitswelt so zugehen wird, ist also gut vorhersagbar.

Dieser Lebenszyklus, diese Rollenverteilung zwischen jungen, jüngeren, älteren und alten Menschen in einer Gesellschaft, lässt sich messen, beziffern und analysieren. Er ist allerdings auch vielen Veränderungen unterworfen. In meiner Familie etwa war mein Vater der erste, der nach der Schulzeit auch noch studiert hat. Aber meine Schwester und ich, und auch viele Cousins und Cousinen, sind nach der Schule schon selbstverständlich einem Studium nachgegangen. Berufe, deren Inhalte früher »on the job« vermittelt wurden, werden heute im Rahmen akademischer Programme erlernt. Ein befreundeter Volkswirt, der mittlerweile seit fast drei Jahrzehnten in einer Bank arbeitet, sagte einmal: »Was früher der Maturant[28] war, ist heute der Master-Absolvent.« Auch für die Menschen im Berufsleben hat sich vieles geändert. Der berufliche Einstieg hat sich über Praktika und Volontariate deutlich gewandelt, gerade am Beginn der Erwerbskarrieren stehen immer häufiger auch Jobs, die keine traditionellen Vollzeitjobs sind. Dafür wird auch nicht mehr jeder Job bis ans sprichwörtliche Arbeitslebensende durchgehalten, sondern regelmäßiger gewechselt, als das etwa früher der Fall war. Und auch im Alter sind Nebenbeschäftigungen heute in vielen europäischen Ländern häufiger und wahrscheinlicher, als es früher war.

Da sind zum einen die jungen Menschen, die nach der Schulphase und der Ausbildung auf den Arbeitsmarkt strömen. Da ist die Generation, die gerade voll im Erwerbsleben steht. Sie gründet Familien und sichert das Leben der Alten auf verschiedenste Weise ab. Und da ist natürlich zum anderen die Generation der »Seniors«, Pensionisten oder Älteren. Wer zu den Älteren zählt, hat sich in den vergangenen Jahrzehnten auch merklich verändert. Das liegt nicht zuletzt an den Fortschritten der Medizin, die ihren Teil dazu beiträgt, dass 60-Jährige heute mit 60-Jährigen vor einigen Dekaden kaum mehr vergleichbar sind. Kaum eine Woche vergeht, in der nicht wieder ein altersbedingter Rekord gebrochen wird: Sei es nun der 80-jährige Yuichiro Miura, der 2013 den Mount Everest bestiegen hat, oder der 73-jährige Otto Thaning, der den Ärmelkanal schwimmend durchquert hat. Auf den folgenden Seiten werden Menschen ab 65 Jahren aber dennoch öfters als »älter« klassifiziert und jene unter 25 als »jünger«.

Welcher Generation gehört man an?

Versuchen wir nun, diese Generationen abzugrenzen. Ein paar dieser Begriffe werden im Laufe des Buches immer wieder angesprochen werden, und es wird einige Studien und Autoren geben, die sie etwas anders abgrenzen. Doch für unsere Zwecke wollen wir die Generationen wie folgt definieren: Fangen wir bei den Jüngsten an. Die bereits einige Male erwähnten Millennials (oder die Generation Y) sind zwischen 1982 und 2000 geboren.[29] Sie sind heute also zwischen 20 und 38 Jahren alt. Ihre Vorgänger, also die älteren Schwestern und Brüder, sind die »Gen X«ers, die Generation X, die frühestens 1966 und spätestens 1981 geboren wurden. Die Babyboomers wiederum, benannt nach den geburtenstarken Jahrgängen des Babybooms, sind zwischen 1946 und 1965 geboren worden.[30] Dieser Babyboom wird uns später noch beschäftigen, doch nicht nur in Bezug auf Geburten gab es damals einen Boom, auch weil die in diesen Jahrgängen Geborenen eine Phase wirtschaftlichen Aufschwungs und Friedens erlebten, werden sie als »Boomgeneration« oder »Boomkohorte« bezeichnet. Vor ihnen gab es in den USA die »stille Generation« (1926–1945) und die »Greatest Generation« (1911–1925), im deutschsprachigen Raum werden die Vorgänger der Boomer »Veteranen« genannt.[31]

Und die Babyboomer stellen heute auch die mit Abstand größte Alterskohorte, wenn man sich etwa die berühmten Bevölkerungspyramiden ansieht. Als Beispiel sei hier etwa Österreich angeführt. Jeder einzelne

Balken der folgenden Grafik stellt dabei alle Männer oder Frauen eines Jahrgangs dar. Die Babyboomer stellen die mit Abstand größte Alterskohorte dar, bei Männern und Frauen. Die allergrößte unter ihnen waren 2019 die 54-Jährigen mit fast 144 000. Zum Vergleich: Die kleinste Jugendkohorte (die Neunjährigen) ist gerade einmal 82 700 Menschen stark. Die Zuwanderung verjüngt das Land zwar merklich, aber dennoch lässt sich die sichtbare Verkleinerung der jüngeren Alterskohorten infolge des Geburtenrückgangs der 1990er-Jahre auf einen Blick erkennen. Österreich hatte zwar eine höhere Geburtenrate als Deutschland, doch auch hier ist das, was man allgemein unter Alterung versteht, in vollem Gang. Heute ist die Kohorte der 77-jährigen österreichischen Staatsbürger größer als jede der Jugendkohorten (0–17 Jahre).

Keine Pyramide: Österreichs Bevölkerung

Anzahl an Personen mit österreichischer Staatsbürgerschaft (blau) und ausländischer Staatsbürgerschaft (grün) nach Alter, zum 1.1.2019.

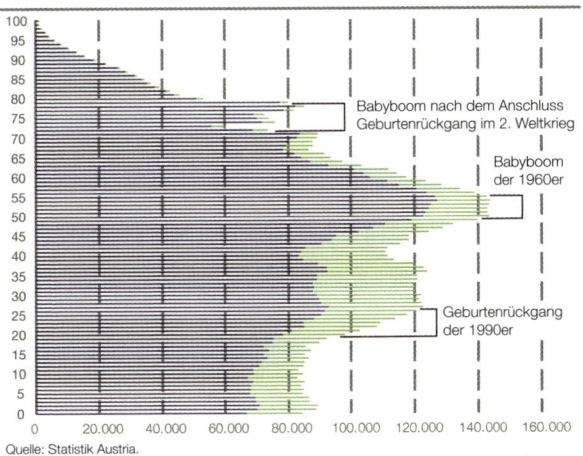

Quelle: Statistik Austria.

»Mit den Jungen gewinne ich keine Wahl«

Aber kommen wir von den Fakten zu den Schlussfolge-
rungen. Stellen Sie sich vor, Sie sind ein Politiker. Die
Zahlen, die auf dem Tisch liegen, sprechen eine ein-
deutige Sprache. Sie müssen sich um die Alten kümmern. Nicht ein bisschen, nicht nebenbei, nicht alibi-
halber. Sondern zielgerichtet. Vollzeit. Konzentriert.
Die älteren Menschen machen einen immer größeren
Anteil an der Bevölkerung aus. Das ist ein Fakt, der
vor allem dem erfreulichen Umstand zu verdanken
ist, dass der medizinische und wirtschaftliche Fortschritt das Leben für die allermeisten verlängert hat
und keine großen Kriege nach 1945 unsere Gesellschaften dahinrafften. Waren 1950 noch gerade einmal 15 von 100 Menschen in Westeuropa über 60, sind
es heute bereits 27. In Deutschland sind es statt 15 von
100 im Jahr 1950 heute bereits 29.

Und die Älteren gehen auch noch etwas häufiger
zur Wahl.[32] Es mag zwar Ausreißer geben, etwa manche
Wahlen, die besonders auch junge Menschen mobi-
lisieren. Doch vergleicht man die Wahlbeteiligung
der 18- bis 24-Jährigen etwa mit der Wahlbeteiligung
der 25- bis 50-Jährigen in den Industriestaaten, dann
gehen die Jungen im Schnitt um 20 Prozent seltener
wählen.[33]

Das macht auch etwas mit denjenigen, die dringend ihre Stimmen brauchen. »Die Politik ist auf dem
Weg zum Pflegeberuf«, sagte mir einmal ein »politisches Talent« einer Volkspartei, wie der Nachwuchs
in den Parteikadern gerne genannt wird. Die Konsequenzen daraus sind klar: Diejenigen, die sich schon
heute um die Stimmen von morgen kümmern wollen,

können sich nicht mit Pensionsreformen oder Arbeitsmarktreformen die Hände schmutzig machen, wenn vor allem Ältere von Leistungskürzungen betroffen wären. »Fürs Wahlkämpfen« brauche unser politisches Talent zwar »junges Blut, aber mit den Stimmen der Jungen gewinne ich keine Wahl«. Was in einem österreichischen Bundesland gilt, gilt längst auch in den meisten Ländern Kontinentaleuropas. An den Schulen und Universitäten hole man sich eben nicht die Stimmen, sondern vor allem in den Seniorenheimen.

Europa: Der alternde Kontinent

Mittleres Alter (Median) in ausgewählten europäischen Ländern von 1960 bis 2018.

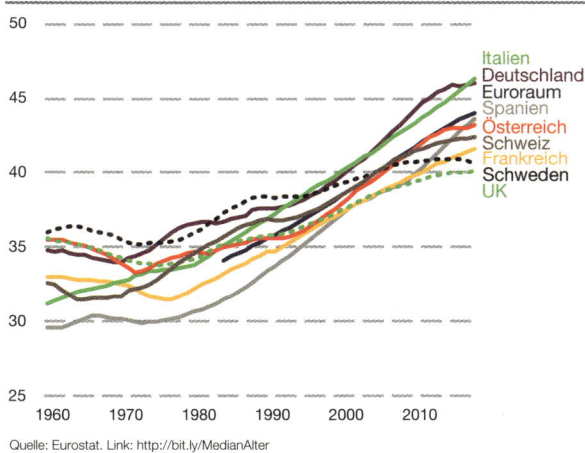

Quelle: Eurostat. Link: http://bit.ly/MedianAlter

Die Mehrheitsverhältnisse haben sich jedenfalls klar verschoben. Der Altersmedian, der angibt, wie alt genau der mittlere Bürger in einer Gesellschaft ist, hat sich in allen europäischen Ländern merklich erhöht. War 1960 noch die Hälfte aller Deutschen jünger als 35 Jahre, ist heute die Hälfte aller Deutschen jünger als 46 Jahre. In Italien stieg das Medianalter sogar von 31 auf 46 Jahre. Und hier geht es um alle Bewohner des Staates. Wenn man die nicht wahlberechtigten Kinder und Jugendlichen aus der Betrachtung nimmt, um »nur« das Durchschnittsalter der Wähler zu erlangen, kommt man auf entsprechend höhere Werte. In Deutschland etwa ist der mittlere Wahlberechtigte 52 Jahre alt, also nochmals um sechs Jahre älter als der mittlere Bewohner Deutschlands.

Diese alternde Gesellschaft ist in den westlichen Parlamenten zudem seit Längerem repräsentiert. Im EU-Parlament beträgt das Durchschnittsalter der Parlamentarier etwa bereits 55 Jahre.[34] Im US-amerikanischen Kongress liegt es bei 57,8 Jahren, für Senatoren liegt der Durchschnitt bei 61,8 Jahren.[35]

Und selbst junge Politiker werben freilich eifrig um die Stimmen Älterer. Nehmen wir etwa Sebastian Kurz, die 33-jährige Nachwuchshoffnung der Konservativen in Europa und nach dem Sturz seiner Koalition aus ÖVP und FPÖ nicht nur jüngster Kanzler, sondern auch jüngster »Altkanzler« von Österreich. Die Partei von Kurz hat bei der Wahl 2019 den ersten Platz bei den Pensionisten errungen. Bereits die Nationalratswahl 2017 hat die ÖVP als stimmenstärkste Partei bei den über 60-Jährigen bestanden. Es ist kein Zufall, dass Kurz sich im Wahlkampf im Altenheim zeigt, um auf das Thema der Pflegebetreuung einzugehen.[36] So populär war die konservative Nachwuchshoffnung, sodass seine Koalition auch Abstand davon nahm, eine Reform anzugehen, um das chronisch niedrige Pensionsantrittsalter in Österreich anzuheben. Statt-

dessen wurden sogar neue Frühpensionierungsmög-
lichkeiten geschaffen und den Jungen ein weiterer
Milliardenrucksack umgehängt. Auch wenn Kurz selbst
aussieht wie ein junger Politiker: Junge Politik sieht
anders aus.

Die vielen Facetten des Generationenkonflikts
Auch wenn das Wort vom »Generationenkonflikt«
locker auf der Zunge liegt: Es ist klar, dass es viele
Verteilungskonflikte zwischen Jung und Alt gibt. Staatsschulden etwa sind nichts anderes als ein Transfer
von Jung zu Alt. Das mag kein Problem sein, solange
die Ausgaben auch dafür verwendet werden, dass in
die Infrastruktur, Bildung und Forschung investiert
wird. Das sorgt schließlich langfristig für mehr Produktivität und Wohlstand, um die Schulden später
auch abzubezahlen. Doch wenn das Geld vor allem
konsumiert und verteilt wird, dann kommt es irgendwann zu Problemen.

Aus politischer Sicht aber sind derart langfristige
Probleme Schall und Rauch. Bei demografischen Entwicklungen handelt es sich ja stets um Trends, die für
tagespolitische Verhältnisse im Schneckentempo ab-
laufen. Bevölkerungsgruppen wachsen und schrumpfen
über Jahrzehnte, die relative Bedeutung von älteren
oder jüngeren Staatsbürgern, von Migration, von Erwerbsbiografien, ändert sich nicht über Nacht, sondern
über Dekaden. Das macht es auch so schwierig, sich
politisch mit ihnen auseinanderzusetzen. Die Politik,
die stets nur auf eine Legislaturperiode oder bis zur
nächsten Wahl schaut, ist auf kürzere Fristen ausge-
richtet. Sie lässt sich von den demografischen Verände-

rungen treiben und scheint dann plötzlich davon überrascht zu sein. Dass das auch für die größte Volkswirtschaft der Welt gilt, zeigt der US-amerikanische Autor Paul Taylor in seinem Buch *The Next America: Boomers, Millennials and the Looming Generational Showdown*. Er schildert für die USA Trends, die auch in Bezug auf europäische Länder wohlbekannt klingen. Zwei Trends laufen parallel und verändern die Gesellschaften des Westens auf Sicht:[37] Einerseits ergraut die Gesellschaft im Schnitt merklich. Und andererseits sind die Jungen besser ausgebildet und »diverser« als jemals zuvor. In den USA etwa sind vier von zehn Millennials nicht weiß, sondern spanischer, asiatischer oder afroamerikanischer Abstammung.[38] In Deutschland besitzt fast jeder fünfte 25- bis 29-Jährige entweder die Staatsbürgerschaft eines anderen EU-Landes oder eines Drittstaats. Bei den über 65-Jährigen sind es weniger als fünf Prozent. Ein Blick in die Migrationsstatistiken europäischer Länder zeigt: Auch hier sind die Gesellschaften bunter geworden, gerade in den Großstädten ist der Anteil an Migranten und jungen Menschen, deren Eltern aus einem anderen Land stammen, deutlich gestiegen.

Und das schlägt sich freilich auch schon längst in Wahlergebnissen nieder. Es gab kaum eine bedeutsame Wahl in den vergangenen Jahren, bei der das Alter der Wähler nicht einen signifikanten Einfluss auf ihre Entscheidung hatte. Hillary Clinton hätte beispielsweise klar gewonnen, wenn nur die 18- bis 29-Jährigen gewählt hätten.[39] Der Brexit etwa hat sich derart klar entlang dieser Konfliktlinien entschieden, dass so mancher Forscher von einem »Generational War« schrieb[40]: »Leave«, also das Verlassen der Europäischen Union, hatte bei den Babyboomern und den älteren Generationen eine Mehrheit von 55 bis 61 Prozent. Hingegen haben nur 28 Prozent der Millennials für den Austritt gestimmt.

In europäischen Krisenländern hingegen, die sich in der jüngeren Vergangenheit durch extrem hohe Jugendarbeitslosigkeit ausgezeichnet haben, sind die »Protestwähler« deutlich jünger. Die Neonazi-Partei der »Morgenröte« in Griechenland hat die meiste Unterstützung unter Jungen gefunden.[41] Wobei zugleich auch die Linke (Syriza) bei keiner Altersgruppe so gut abgeschnitten hat wie bei den 18- bis 29-Jährigen. In Italien gab es ein ähnliches Bild. Die Wahl von 2018, aus der eine Regierungskoalition aus den rechts- und linkspopulistischen Parteien Lega und Fünf-Sterne-Bewegung hervorgegangen ist, wurde insbesondere von der hohen Wahlbeteiligung junger Wähler beeinflusst, die deutlich stärker als die übrige Bevölkerung der Fünf-Sterne-Bewegung ihr Vertrauen schenkten.[42] Oder anders gesagt: Sie haben den etablierten Parteien besonders deutlich das Misstrauen ausgesprochen.

Was wir wissen

Das Verhältnis der Generationen hat sich in der jüngeren Vergangenheit gewandelt und wird sich in der Zukunft noch massiv verändern. So viel wissen wir. Der Anteil der Jüngeren ist in der westlichen Welt deutlich zurückgegangen, gerade auch durch die hohe Lebenserwartung der Älteren. Wie sich das konkret auswirkt, zeigt etwa der Ageing Report der Europäischen Union. Auf einen über 65-Jährigen in Europa kamen 1960 noch sechs Menschen zwischen 15 und 64 Jahren. Diese sind also »im erwerbsfähigen Alter«. 1990 waren es noch fünf, im Jahr 2018 nur noch etwas mehr als drei. Und 2070 werden es laut der jüngsten Prognose weniger als zwei sein.[43] In einem Jahrhundert hat sich also der Anteil der über 65-Jährigen verdreifacht.

Die Zahlen der Bevölkerungsabteilung der Vereinten Nationen zeigen jedenfalls den deutlichen Trend. Demnach ist die Zahl der Geburten pro 1000 Einwohnern von 21,5 in Europa zwischen 1950 und 1955 auf 11,5 zwischen 1990 und 1995 gesunken. In Deutschland sank sie bereits unter 10. Die Fertilitätsrate (Geburten pro Frau) ist ebenso deutlich gesunken. Von fast drei Kindern in den 1960er-Jahren, als die Boomer auf die Welt kamen, sank sie in den 1990er-Jahren in den Industrieländern auf einen Tiefstand von deutlich unter 1,5.[44]

Die Mehrheit verschiebt sich

Sie werden sich jetzt vielleicht fragen, wieso es denn ein Problem darstellen sollte, wenn die Menschen älter werden und weniger Kinder bekommen. Die Ursachen und Folgen davon sind ja weitgehend positiv, denn Frieden und Fortschritt sorgen für die längeren Leben, und die geringe Kinderzahl sorgt für weniger Ressourcenverbrauch und Wettbewerb.

Doch der Grund zur Sorge heißt Gerontokratie. Beim Blick auf den Altersschnitt in Parlament oder Regierung mag man diesen Eindruck bereits heute bekommen. Diese »Herrschaft der Alten« ist das, was viele vor Augen haben, wenn sie vor einem Generationenkonflikt warnen.[45] Die Warnung ist recht eindeutig: Weil Staatsschulden und unsere Pensionssysteme immer auf einen demokratischen Ausgleich zwischen den Generationen angewiesen sind, ist es auch wichtig, welche Mehrheiten sich zwischen den einzelnen Altersgruppen ergeben.

Wie wichtig das ist, das zeigte sich insbesondere in den vergangenen zehn Jahren nach der Finanzkrise: Kaum ein Land, in dem nicht kurz vor einer Wahl noch mögliche Segnungen für die älteren Jahrgänge versprochen werden. Einmalige Sonderzahlungen für Pensionisten, höhere Mindestpensionen, Vergünstigungen im öffentlichen Nahverkehr für Senioren. Die Kindergarten-Finanzierung, mehr Geld für die Universitäten oder mehr Mittel für Familien mögen sich langfristig vielleicht rechnen – und vor allem die hohen Pensionen zahlen helfen –, doch kurzfristig wähnt man sich damit eben nicht als Wahlgewinner. Einen wirklichen Fokus darauf gibt es selten.

In der wirtschaftlichen Krise, die ab 2012 den europäischen Kontinent heimgesucht hat, war die Solidarität der Senioren jedenfalls evident. »Die Staatsausgaben wurden verschoben, weg von Bildung, Familien und Kindern hin zu den Pensionisten«, zeigte etwa eine Studie des Brüsseler Thinktanks Bruegel.[46] Als man in vielen Ländern merkte, dass die Versprechen der Pensionssysteme aus ungedeckten Schecks bestanden, die nur schwer einzulösen waren, wurden die Anpassungen vor allem bei künftigen, nicht aber bei bestehenden Pensionen vorgenommen. Die Pensionskosten sind in vielen Ländern sogar noch weiter gestiegen – eben zulasten von Zukunftsthemen wie Bildung oder Kindergärten. Jedenfalls auch zulasten der Pensionisten weit in der Zukunft.

Sperrminorität für Junge?

Es gibt natürlich mögliche Antworten auf die Geronto-kratie und die Gefahr, dass noch weiter Zukunftsinvesti-tionen zugunsten der Altenförderung aufgeschoben werden. Eine Variante wird von liberalen Sozialwissen-schaftern und Ökonomen immer wieder ins Feld ge-führt und heißt *Proxy Voting*. Demnach bekommen Eltern von Kindern anteilig für die noch nicht stimm-berechtigten Kleinkinder und Jugendlichen eine zu-sätzliche Stimme bei einer Wahl. Damit soll das Ge-wicht junger Familien im politischen Prozess größer werden, was gerade in einer Zeit, in der es mögliche »Sperrminoritäten« der Pensionsanwärter gegen ver-nünftige Reformen gibt, sinnvoll sein kann. Die Argu-mentation von Warren Sanderson, warum es daher *Demeny voting*, also eine Art Kinderwahlrecht, brauche: Bis ins Jahr 2050 wird der demografische Wandel in vielen westlichen Gesellschaften dazu führen, dass die Mehrheit des Elektorats Empfänger von sozialstaat-lichen Leistungen sein wird, die von einer Minder-heit bezahlt werden.[47]

Die Idee, Kindern und Jugendlichen eine indirekte Stimme zu geben, geht manchen sogar nicht weit genug. So hat das deutsche ifo-Institut vor der Bundestags-wahl 2017 simuliert, wie sich die Einführung eines Kinderwahlrechts auf das Ergebnis auswirken würde.[48] Seine Schlussfolgerung: Die politische Mitte und nicht etwa linke und rechte Extrempositionen hätten von den Kindern und Jugendlichen profitiert.

Vorbehalte gegen die direkte oder die indirekte Berücksichtigung des politischen Gewichts der künf-tigen Generationen sind freilich vor allem juristischer

Natur. Die Vorschläge werden mit der kritischen Frage, ob es sich schon um mündige Staatsbürger handelt, gerne abgeschmettert. »Demokratie ist kein Kinderspiel« schallt es entgegen.[49]

Und doch sind die ökonomischen Argumente, die für diese Überlegungen sprechen, schwer von der Hand zu weisen. Die deutliche Überalterung der Gesellschaft in vielen westlichen Ländern und das nachvollziehbare Eigeninteresse, lieber in eine Rentenerhöhung als in den Ausbau von Kinderbetreuungsplätzen zu investieren, sind eine gefährliche Mischung. Man kann natürlich auch die fatalistische Einstellung vertreten, dass es einen Generationenkampf gibt, den die Jungen längst verloren haben.[50] Aber dann sollte man ihnen Instrumente an die Hand geben, um wieder auf gleicher Augenhöhe streiten zu können. Warum das nötig sein könnte, zeigen etwa die folgenden Kapitel zum Sozialstaat und Wohnen. Denn nicht selten gilt auch hier: Wer zu spät kommt, den bestraft das Leben.

Kapitel 3
Die Umverteilung

Mittlerweile muss man sich um die Jungen mehr Sorgen machen als um die Alten

Die Zukunft beunruhigt sie wenig:
Nach ihnen die Sintflut.
Gabriel Bonnot de Mably (1709–1785)

Viele sorgen sich um ihn. Und das, obwohl es ihn gar nicht gibt. Wann immer in Deutschland oder Österreich über das Verhältnis zwischen Alt und Jung, über Pensions- oder Rentensysteme und Ungerechtigkeiten zwischen den Generationen gestritten wird, ist schnell vom »Generationenvertrag« die Rede. Die Erwerbstätigen sorgen darin über das Pensionssystem für den Lebensstandard der Alten und gleichzeitig auch über das Bildungssystem und die private Erziehung für die Jugend.

Doch der »Generationenvertrag« hat einen Haken. Es gibt keinen Vertrag. Nirgends kann die junge Generation einklagen, dass zu wenig in sie investiert wird, etwa weil Schulsysteme marode oder Familienleistungen gekürzt werden. Und die jetzt Berufstätigen können nirgends fordern, dass ihre Vorgänger noch etwas nachschießen sollen, weil ja deren Steuer- und

Abgabenlast noch niedriger war und sie sich höhere Leistungen zugesprochen hatten als finanziert waren. Und die heutigen Pensionisten – oder Rentner, je nach Sprachgebrauch – könnten nur fassungslos danebenstehen, wenn ihre Auszahlungen trotz der davor geleisteten Beiträge für die Altersvorsorge gekürzt würden.

Wo kein Vertrag, da auch keine Folgen eines Vertragsbruches. In gewisser Weise wirken daher Aktionen wie »Wir kündigen« des deutschen Jugendrats der Generationen Stiftung auch geradezu deplatziert.[51] Wie soll gekündigt werden, was niemals in eine tatsächliche Vertragsform gegossen wurde? Was sind denn die Ausstiegsklauseln? Vor welches Gericht lassen sich die Vertragsbrüchigen denn zerren?

Der Generationenvertrag funktioniert. Aber nicht für die Jungen.

Und doch erfreut sich der Generationenvertrag in der öffentlichen Diskussion großer Beliebtheit. Die deutsche »GroKo« aus konservativer CDU und sozialdemokratischer SPD hat eine Kommission »Verlässlicher Generationenvertrag« eingesetzt, um die Rentenpolitik zu überprüfen.[52] Das symbolische Übereinkommen soll gewahrt, geschützt und gestärkt werden, ist von allen Seiten zu hören.

Doch so wie um die deutsche GroKo steht es auch um diesen Vertrag nicht gut – so viel ist gewiss. Forscher eines Projektes der österreichischen Akademie der Wissenschaften haben 16 EU-Länder und die Gerechtigkeit ihrer Generationen-Arrangements untersucht und sind zu dem Schluss gekommen, dass die aktuellen Transfersysteme – staatlich und privat – alles andere als nachhaltig sind. Wie kommen die Forscher zu diesem Urteil? Sie haben sich nicht einfach das Budgetdefizit, die Staatsschulden oder die Zahl der Kinder angesehen, sondern alle Transfers zwischen den Generationen analysiert. Dafür haben sich die Forscher aber nicht nur die Ausgaben des Staates oder des Pensionssystems angesehen. Sie haben auch andere, private Leistungen berücksichtigt, etwa die unbezahlte Arbeit, die Eltern leisten, wenn sie für ihre Kinder sorgen. Damit kommen sie zu einem viel komplexeren Bild, das dafür auch viel mehr über die wahren Leistungen zwischen den Alterskohorten verrät. Und ihr Befund fällt recht düster aus: »In den meisten untersuchten Ländern sind die Transfers und Investitionen in Kinder viel zu gering, um die großzügigen Transfers an die ältere Bevölkerung in Zukunft zu finanzieren.«[53]

Die Schlussfolgerung ist klar: Der Generationenvertrag hält nicht. Es wird viel zu wenig in die künftigen Generationen investiert, um auch die Pensionen der jetzt Älteren tatsächlich auf dem hohen Niveau zu sichern. Die aktuellen Politiker stellen sich zwar gerne hin und versprechen, dass die Pensionen in genau dieser oder jener Höhe sicher seien, doch sie machen ihre Rechnung gerne ohne den Wirt. Ohne die Volkswirte, zumindest.[54]

Der Generationenvertrag hält vor allem nicht, weil die Babyboomer-Kohorte selbst deutlich zu wenige Kinder in die Welt gesetzt hat, um bei gleichbleibenden Beitragszahlungen und Pensionshöhen das System finanziell zu stabilisieren. Dafür wären im Schnitt in Österreich etwa rund 0,7 mehr Kinder nötig gewesen. »Die Verletzung des Generationenvertrags wird die

Politik zwingen, ihre Versprechen für die Pensionsleistungen langfristig zu brechen«, warnen die Forscher. Doch die Politik ist regelmäßig eher mit anderen Themen beschäftigt. Für die Renten- und Pensionspolitik hat sie oft nicht mehr als Kommissionen übrig.[55]

Die wundersame Geldvermehrung

In einer Arena-Analyse der österreichischen Politikberater von Kovar & Partners kamen 81 Experten zur Generationengerechtigkeit zu Wort. Und darin wurden doch einige Kritikpunkte laut. Eine Kritik am österreichischen Pensionssystem, das im internationalen Vergleich einen guten Ruf – für die aktuelle Höhe der Pensionen – und einen schlechten Ruf – für die mangelnde Nachhaltigkeit – genießt, wurde wie folgt formuliert: »Das System nährt die Illusion, dass systematisch alle Menschen mehr Pension beziehen können, als dem Wert der Einzahlungen entspricht.«[56] Diese Kritik trifft einen wunden Punkt. Nicht nur reichen die aktuellen Einzahlungen bereits heute nicht aus, um die Auszahlungen zu decken. Es werden auch noch Systeme konstruiert, die den bestehenden Nutznießern Dinge versprechen, die zulasten kommender Generationen oder eines Systemkollapses gehen müssen.

Das klingt nicht bloß nach einem geringfügigen Fehler im System. Das klingt ja nach einem Betrug, einem großen »Pyramidenspiel«, oder? Eine Verlockung der Wähler zulasten ihrer Nachkommen? Tatsächlich kann man das Pensionssystem als Pyramidenspiel verstehen.[57] Was heute ausgezahlt wird, kommt nur von den laufenden Einzahlungen. Nachhaltig ist das System vor allem dann aufgestellt, wenn immer mehr Beitragszahler dazukommen. Wer vor Jahrzehnten eingezahlt hat, bekommt dennoch heute ausgezahlt, was jüngere Menschen laufend erwirtschaften. Und ausgezahlt werden nicht nur die Einzahlungen, sondern eben auch noch Prämien. Auch diese Rendite muss erwirtschaftet werden, relativ unabhängig davon, ob die Pension am Finanzmarkt veranlagt oder vom Staat versprochen wird.

Und was vor einigen Jahrzehnten in vielen Wohlfahrtsstaaten versprochen wurde, war vieles, aber nicht nachhaltig. Besonders rauschende Feste wurden dabei im staatsnahen Bereich gefeiert. In Österreich etwa gab es gut dokumentierte Fälle von sogenannten »Luxuspensionen«. Besonders augenscheinlich waren diese bei der Oesterreichischen Nationalbank (OeNB). Diese hatte zwar bei der Gründung des Euro und damit der Einführung einer gemeinsamen europäischen Geldpolitik wesentlich an Bedeutung, ihre Mitarbeiter aber nicht unbedingt an Besoldung eingebüßt. Der Rechnungshof stellte 2008 eine durchschnittliche Pension von 4.650 Euro fest, 15 Mal pro Jahr ausgezahlt.[58] Zwar hat die Politik die Luxuspensionen 2014 beim 2- bis 3,5-Fachen der höchstmöglichen Pension im allgemeinen Sozialversicherungsrecht gedeckelt. Doch dieses Beispiel zeigt: Alle Pensionisten sind gleich. Manche sind aber doch gleicher als andere. »Zu spät zur Party« heißt es also für manche nicht nur am Beginn des Berufslebens, sondern eben auch am Ende.

Um jede Diskussion über Pensionsprivilegien im Keim zu ersticken, gibt es im deutschsprachigen Raum einen altbekannten Trick. »Wohlerworbene Rechte«, heißt es nämlich, wenn sich die *Party People* der Vergangenheit darauf berufen, sie hätten doch nur im guten Glauben ihre im Vergleich astronomisch hohe Pension oder Rentenzahlung erworben. Das Problem an der Argumentation ist bloß: In »wohlerworben« steckt das Wort vom »Erwerb«. Und viele dieser Systeme sind unterm Strich hoch defizitär, weil eben nicht mit vergangenen Beitragszahlungen irgendetwas erworben wurde. Vielmehr müssen junge Menschen diese Rechte heute erst abarbeiten.

Die guten alten Zeiten. Die schlechten jungen Zeiten?
Dabei sieht man bei einem Blick auf die Daten, dass die Alterssicherungssysteme in Europa – noch –ziemlich gut funktionieren. So zeigen die offiziellen Daten von Eurostat, dass die Armutsgefährdung von älteren Menschen über 65 Jahren mittlerweile niedriger ist als von jüngeren Menschen.[59] Armutsgefährdung ist weniger ein »altes« als vielmehr vor allem ein junges Thema geworden. So erfolgreich verteilt der Staat schon zwischen Jung und Alt um, dass man aktuell wirklich von den »guten alten Zeiten« sprechen kann. Aber weil gerade Jüngere mittlerweile oft über zerklüftete Erwerbsbiografien verfügen und von der großen Rezession getroffen wurden, stellt sich die Frage, ob diese Versprechen auch künftig eingehalten werden können. »Heute sind junge Menschen die Altersgruppe, die am wahrscheinlichsten arm ist«, schreiben Autoren des Internationalen Währungsfonds.[60] Die Pensionen waren schlicht besser geschützt als die Arbeitseinkommen.

Armutsgefährdung: Ein Problem der Jungen

Armutsgefährdungsrate (Einkommen unter 60 Prozent des Median) nach Altersgruppen in den Ländern der EU-27.

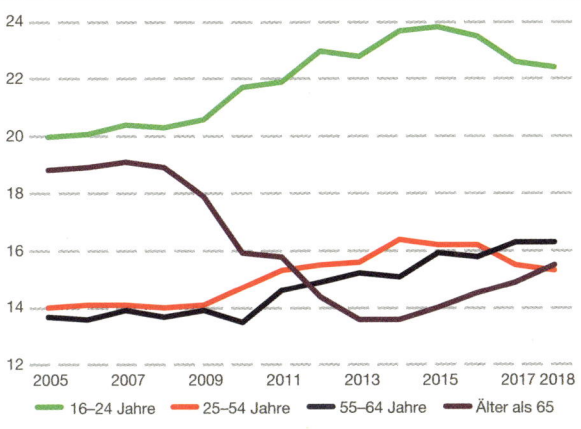

Quelle: Eurostat. Link: http://bit.ly/EUArmut

Wenn mehr Last auf schwächeren Schultern ruht

Doch den Kindern der Boomer, die aktuell bald ihre relativ großzügigen Pensionen genießen können, wird es eines Tages wohl nicht ganz so gut ergehen. Das liegt nicht nur an ihren eigenen Erwerbskarrieren. Sondern natürlich auch daran, dass in ferner Zukunft dann doch die nötigen Reformen schrittweise kommen, etwa in Bezug auf das Pensionsantrittsalter.

Der Generationenvertrag handelt ja eigentlich vom Versprechen eines Ausgleiches zwischen den Erwerbs- und Nichterwerbspersonen. Auf den Schultern der Stärksten sollen die Übrigen stehen können, also jene in Ausbildung oder Pension/Rente. Doch wenn die Anzahl der Erwerbstätigen von morgen, also die der jungen Menschen heute, tendenziell schrumpft, was bedeutet das dann für den Generationenvertrag? Eine zentrale Kennzahl für diesen ist ja der »Abhängigkeits-quotient«. Hinter dem sperrigen Begriff steht ein simples Konzept: Wie viele Menschen sind wirtschaftlich im Schnitt von einem Erwerbstätigen abhängig? Dafür wird dann etwa die Anzahl der über 65-Jährigen zu denjenigen zwischen 20 und 64 in ein Verhältnis gesetzt. Aktuell kommen auf drei ältere ungefähr zehn arbeitsfähige Europäer. 2030 wird das Verhältnis schon vier zu zehn betragen, 2050 dann fünf zu zehn.

Wie viel Abhilfe durch Zuwanderung?

Das muss per se kein Problem sein. Erstens könnte das Problem durch Zuwanderung ja gemildert werden. Denn im Schnitt sind die Menschen, die nach Deutschland oder Österreich kommen, jünger als der Bevölkerungsschnitt. Oder aber die heute Erwerbstätigen werden einfach deutlich produktiver. Das mag schön klingen, doch die Zahlen zeigen derzeit etwas ganz anderes. Wer die Produktivitätszuwächse in Europa, den USA oder Japan seit 1945 betrachtet, stellt eindeutig fest: Die Produktivitätszuwächse nehmen eher ab als zu. Die Gründe dafür suchen Ökonomen nun schon seit Jahren fieberhaft: Ob etwa die niedrigen Zinsen und einige wenige mächtige Großunternehmen dazu beitragen?[61] Oder die Folgen der Krise schlicht noch nicht überwunden sind? Oder Produktivität einfach falsch gemessen wird? Was auch immer die Gründe sein mögen – und es ist wahrscheinlich, dass mehrere Faktoren dabei eine Rolle spielen –, sie machen den Vorschlag, statt Pensionsreformen doch einfach auf mehr Arbeitsproduktivität zu setzen, etwas zynisch.

Und das häufig gehörte Argument mit der Migration als Stütze der Leistungen der Pensionssysteme? Abgesehen von den vielen Herausforderungen zur erfolgreichen Integration zeigt ein Blick auf die demografischen Simulationen, wie unwahrscheinlich einige Szenarien sind. Die Zuwanderung in Deutschland müsste etwa 1,5 Millionen Menschen pro Jahr betragen, um die Abhängigkeitsquote bis 2060 zu stabilisieren. Wenn die Zuwanderung auf dem hohen Niveau von 2010 bis 2018 bleibt (rund 500 000 Zuwanderer pro Jahr), dann springt der Altersquotient dennoch sprunghaft bis 2035 an.[62] Und zwar von 35 auf 50. Für jeden Pensionisten wird es also dann nur noch zwei Erwerbsfähige geben statt heute drei.

Der Zug ist abgefahren …

Mit dem Argument, man möge doch einfach mehr Zuwanderung ermöglichen, schleust sich zudem eine der großen Schizophrenien in die Diskussion. Gerade jene, die damit unterstützt werden sollen – ältere Menschen – haben oft die größten Vorbehalte gegen Migration und Migranten. Die Finanzierung ihrer Pensionen steht zwar oft zuoberst in der Debatte, wenn Politiker die Vorzüge von mehr Migration angesichts geringer Geburtenraten in Europa diskutieren, doch die Pensionisten und diejenigen, die es bald werden wollen, möchten davon wenig hören. In einer Umfrage über die weltweiten Einschätzungen zur Migration hat Pew Research in 18 Ländern nachgefragt: Stimmen Sie der Aussage »Zuwanderung macht mein Land stärker« zu? Es gibt zwar enorme Unterschiede bei der Zustimmung (von 80 Prozent in Australien bis 3 Prozent in Ungarn), aber in fast jedem Land[63] stimmen mehr 18- bis 29-Jährige dieser Aussage zu als Menschen über 50. Und gerade in Ländern mit der größten Schieflage der öffentlichen Haushalte und Pensionssysteme (Griechenland und Italien) will man von Zuwanderung als Stärkung der Gesellschaft am wenigsten wissen.[64]

… aber das Tempo kann die Politik noch bestimmen
Die Politik ist aber bei Weitem nicht so machtlos, wie sie sich gerne selbst darstellt. Natürlich kann sie den demografischen Wandel nicht aufhalten, doch das oft gebrauchte Bild vom »Demografie-Tsunami« oder der »demografischen Zeitbombe« führt in die Irre. Die Politik kann etwa dafür sorgen, dass das immer höhere Lebensalter nicht ausschließlich in Pension verbracht wird. Bereits heute befindet sich ein erwachsener Mensch rund ein Drittel der Lebensjahre im Ruhestand.[65] Und weil die Lebenserwartung für die 65-Jährigen laufend steigt und aktuell etwa sieben bis acht Jahre höher ist als noch vor 50 Jahren, wird die Zeit in der Rente auch noch zunehmen. Mehr Zeit im Ruhestand bedeutet in vielen Fällen auch mehr öffentliche Leistungen in dieser Zeit. Es ist klar, dass Sozialsicherungssysteme hier gefordert sind. Denn bereits heute werden für altersspezifische Ausgaben, von den Pensionen bis zur Pflege, in den EU-Staaten 25 Prozent der Wirtschaftsleistung aufgewendet.[66]

Wann werde ich in Pension gehen?
Die Organisation für wirtschaftliche Zusammenarbeit und Entwicklung hat sich jüngst einen Vergleich bestimmter Alterskohorten (1940, 1956, 1996) in ihren

Mitgliedsländern angesehen. Das Ergebnis ist, dass die heute Jüngeren in vielen Fällen länger arbeiten werden müssen und dann im Schnitt auch noch geringere Leistungen haben werden.[67]

Und tatsächlich zeigt gerade ein Blick auf die »progressiven« Sozialstaaten Nordeuropas, dass zukunftsgewandte Politiker auch keine Sekunde daran denken würden, dass sie ihre erkämpften sozialen Sicherungssysteme der Gefahr aussetzen wollen, durch die Demografie destabilisiert zu werden. Sehen wir uns etwa an, wo das Pensionsantrittsalter dort liegen wird, wenn ich eines Tages 65 Jahre alt bin, also im Jahr 2051. Laut des Ageing Reports der EU-Kommission werden Dänen dann schon mit 71,5 Jahren, Niederländer mit 69,5 Jahren, Iren mit 68 Jahren und Finnen mit 69,2 Jahren in Pension gehen.[68]

Immerhin schon 16 Länder berücksichtigen die Lebenserwartung in irgendeiner Form für die Nachhaltigkeit des Pensionssystems. Dass das Pensionsantrittsalter wirklich automatisch mit der Lebenserwartung ansteigt, das gibt es aber nur in Italien, Finnland, Dänemark und den Niederlanden. Und da besteht für die Millennials eben schon die Gewissheit: Wenn weniger Menschen eine zunehmend ältere Gesellschaft stützen müssen, dann heißt das entweder länger arbeiten oder weniger Leistungen beziehen. Politiker, die sich nicht trauen, das zu benennen, drücken sich vor der Wahrheit.

»Und das lassen die Jungen durchgehen?«

»Ich verstehe das nicht«, sagte ein sozialdemokratischer Abgeordneter eines skandinavischen Landes bei einem gemeinsamen Abendessen, als es wieder einmal um Sozialpolitik ging. Ich hatte ihn auf einer beruflichen Reise kennengelernt, und da er immer wieder in Wien war, um sein Land in internationalen Gremien zu vertreten, trafen wir uns in einem Kaffeehaus in der Wiener Innenstadt. Er wurde als Vertreter der jungen Sozialdemokraten ins Parlament gewählt und hat eine hohe Affinität zu wirtschaftspolitischen Fragestellungen. Und bei einem unserer Treffen kam das Gespräch auf eine typisch österreichische Debatte. Der Vorschlag, das Pensionsantrittsalter wie in anderen Ländern an die Lebenserwartung zu koppeln, war gerade diskutiert und mit dem Hinweis darauf, man werde die Politik nicht »kalten Automaten« überlassen, vom Bundeskanzler höchstselbst zu Grabe getragen worden. Mein Freund fragte mich also, wo denn das Pensionsantrittsalter in 20, 30 Jahren stehen werde. Als ich sagte: »Immer noch bei 65«[69], schaute er etwas verdutzt. »Und das lassen die jungen Parteimitglieder durchgehen?« Er war es aus seinem Land gewohnt, dass etwa die jungen Vertreter etablierter Parteien die Forderungen der Jungen bei den Parteifreunden vertreten. In Österreich oder Deutschland hingegen vertreten viele junge Parteigänger die Meinung ihrer Parteifreunde bei den Jungen. Was für ein Unterschied!

Denn wirkliche Interessensvertreter haben die künftigen Generationen selten. Es gibt gute Lobbyisten für die Senioren, für Bauern, für Selbstständige, Apotheker, Ärzte und viele andere gut abgrenzbare Gruppen. Doch für die kommenden Generationen ist so etwas nur schwer zu organisieren. Einige wenige Nichtregierungsorganisationen und Thinktanks widmen sich immer wieder diesen Themen, doch ihr Aufschrei verhallt im Vergleich doch sehr schnell. »Gegen die Lobbymacht der Senioren können Sie keine Politik machen«, betitelte die Wochenzeitung *Die Zeit* 2016 ein Interview mit dem Ökonomen Thomas Straubhaar.[70]

Und so trägt die Politik das Ihre dazu bei, den um sich greifenden Zukunftspessimismus zu verstärken, denn viel zu oft ist sie mit Vergangenheitsbewältigung statt mit Zukunftsinvestitionen beschäftigt. Die Jungen mögen die schwierigste Situation auf dem Arbeitsmarkt vorfinden und ein Kind das größte Armutsrisiko in der Gesellschaft sein, die Spitzenpolitik zeigt sich dennoch am liebsten mildtätig mit den Alten. Es gibt viel »Alte-Säcke-Politik«, wie es der Autor Wolfgang Gründinger in seinem gleichnamigen Buch ganz gut beschreibt. Bei kaum einem Thema wird das so augenscheinlich wie bei den Pensionen. »Der geballte Zorn des Altenmobs ist bei der leisesten Kritik am Rentensystem gewiss«[71], schreibt er. Und das gilt nicht nur in Deutschland, sondern selbst in Österreich, das im Vergleich noch deutlich generösere Pensionsregelungen hat – für die ältere Bevölkerung freilich.

Generationengerecht heißt kindergerecht

Es ist ja so, dass die Generationen auch künftig miteinander aus- und wirtschaftlich übereinkommen müssen. Pensionssysteme lassen sich genauso wie vieles andere reformieren, verbessern und aufpäppeln. Vorbilder und Versuche gibt es genug, nicht nur, aber gerade auch in Europa. Doch im Kern eines jeden neuen »Generationenvertrags« sollte sowieso eine

Erkenntnis stehen: Ansetzen muss man bei den künftigen Beitragszahlern. Pieter Vanhuysse, der sich als Professor für Comparative Welfare State Research an der University of Southern Denmark intensiv mit dem Zusammenleben der Generationen und mit Sozialsystemen beschäftigt, schrieb in einem populären Beitrag: »Kinder sind ein öffentliches Gut. Dass sie in alternden Gesellschaften immer knapper werden, ist ein noch viel stärkeres Argument dafür, staatlich mehr in ihre Fähigkeiten und ihr Humankapital zu investieren.«[72] In seiner Studie zu »Generationeller Gerechtigkeit« in den Industrieländern konstruierte er einen Index aus Chancengerechtigkeit, ökologischer Nachhaltigkeit, Schulden und Ausgabenschieflage zugunsten der Älteren. So zeigte er auf, welche Länder besonders viel Aufholbedarf haben.[73] Innerhalb Europas haben die nordeuropäischen Länder im Vergleich sehr gerechte Systeme.

Wenn der Fortschritt verfrühstückt wird

Dass die Babyboomer tatsächlich im Nachhinein ziemlich Glück hatten, zeigt sich nicht nur an vielen individuellen Lebensläufen, sondern auch an der Art und Weise, wie sie Wirtschaftspolitik betrieben haben. Die Babyboomer haben in weiten Teilen der westlichen Welt vor 30 Jahren noch ein attraktives Steuerumfeld vorgefunden. Das mag auf den ersten Blick überraschen, aber die Steuersätze liegen im Jahr 2019 über jenen von 1982, als die ersten Millennials auf die Welt kamen. In den Industrieländern insgesamt zum Beispiel machen die Steuern und Abgaben heute 34 statt 31 Prozent der gesamten Wirtschaftsleistung aus, in

Österreich 42 statt 38 und in Deutschland 37 statt 35 Prozent.

Doch diese Zahlen sind nicht so direkt vergleichbar. Denn die öffentliche Verschuldung ist heute auch wesentlich höher, als sie das noch vor 37 Jahren war. Höhere Schulden und zugleich höhere Steuerlast, das ist der Stoff, aus dem der Generationenkonflikt gemacht ist. Schulden, die von einer Generation aufgenommen werden, müssen von der nächsten Generation bedient werden. Etwa mit noch höheren Schulden oder noch höheren Steuern. Das ist nicht schlimm, solange Zukunftsinvestitionen getätigt werden. Doch wenn die höheren Schulden genutzt werden, um für sich selbst noch großzügigere Pensionen auszuzahlen, wird das in 20 oder 30 Jahren erst recht wieder in eine Schieflage führen und dann schaut die junge Generation durch die Finger.

Ob man es nun »Rente« oder »Pension« nennt, die Herausforderungen sind aus Verteilungssicht dieselben. Wer nicht schnell am Antrittsalter schraubt, der bürdet den künftigen Beitragszahlern entweder höhere Beiträge oder den künftigen Pensionisten Leistungskürzungen auf. Der Generationenvertrag verletzt in seinem aktuellen Zustand im deutschsprachigen Raum deutlich die generationelle Fairness. Juristen würden ihn wohl in vielen Fällen als einen »Vertrag gegen die guten Sitten« bezeichnen, ein nichtiges Schriftstück, das offensichtlich gegen die Interessen einer der Vertragsparteien verstößt. Nur dass dieser »Knebelvertrag« nirgends schriftlich festgehalten ist.

Auch bei der Brüsseler Denkfabrik Bruegel macht man sich Sorgen um das »generationenübergreifende

Vermächtnis«.[74] Die Ökonomen dort beraten nicht zuletzt auch europäische Institutionen und sind wichtige Stimmen im Brüsseler Diskurs, wenn es um die Bewältigung der Ausläufer der europäischen Staatsschuldenkrise geht. Im Jahr 2015 haben sie sich genau angesehen, wie es denn um die Situation in Europa aus Sicht der Generationen bestellt ist. Und sie stellten eine »wachsende Kluft« fest. Doch nicht nur die Krise selbst hat einen Keil zwischen die Generationen getrieben. Auch die Art und Weise, wie darauf reagiert wurde. Denn: In der Krise wurde besonders in jenen Bereichen gespart, die mittel- und langfristig für die kommenden Generationen besonders relevant sind. Das sind die Kindergärten, das Bildungssystem, die Hochschulen, die Familienpolitik. In einigen Ländern sind auch die Ausgaben für Infrastruktur und das Gesundheitssystem zurückgegangen. Mehr Geld gab es hingegen für die Pensionen und die Bekämpfung der Arbeitslosigkeit. Und selbst wenn es Pensionsreformen gegeben hat, dann waren das Reformen, die tendenziell auf Kosten künftiger Pensionisten gehen werden. Ausgegeben wurde für die Alten. Gespart wird für die Jungen. Oder, wie es die Bruegel-Experten formulieren: »Die aktuellen Pensionisten wurden gegen die künftigen Pensionisten geschützt.«[75] Auch wenn sie sich dabei vor allem mit dem Pensionssystem beschäftigt haben, so bleibt ihr allgemeiner Appell eindeutig: Staaten sollten ihre Ausgabenpolitik fairer gestalten, wenn es um die Generationen geht.

Öffentliches Unvermögen, privates Vermögen?
Es gibt aber noch einen ganz anderen Appell, den ge-

rade junge Menschen verstärkt hören: Sparen, sparen, sparen! Vertreter der FIRE-Bewegung *(Financially Independent, Retire Early)* propagieren eine Form der Askese, des großen Sparens und Anlegens und streben an, früh aus dem Arbeitsleben auszuscheiden. Sie setzen dem staatlichen Unvermögen, die Pensionsvorsorge nachhaltig aufzustellen, privates Vermögen gegenüber. Doch gerade bei der wichtigsten Form von Vermögen – Immobilien – zeigt sich im nächsten Kapitel, wieso die Millennials auch hier zu spät zur Party gekommen sind.

Kapital 4
Der Wohnalbtraum
Millennials zwischen Häuserboom, geschützten Mietmärkten und Hotel Mama

> *Wohnst du noch oder lebst du schon?*
> Ikea-Werbespruch

Es gibt Dinge, um die kommt niemand herum. Die sind einfach keine *Lifestyle-Choice*. Nicht verhandelbar. Wohnen zum Beispiel. Jeder braucht ein Dach über dem Kopf, ob nun eine eigene Wohnung, ein WG-Zimmer, das »Hotel Mama« (oder natürlich Papa) oder gar ein Eigenheim. Und während die Einkommen eher auf der Stelle geblieben sind und sich die Arbeitsmarktsituation für viele Millennials in den vergangenen Jahren nur moderat verbessert hat, ist etwas anderes steil bergauf gegangen: Die Wohnkosten. Junge Menschen geben einen größeren Teil ihrer Einkommen für Wohnen aus, leben auf eher kleinerem Raum und zahlen dafür auch noch höhere Quadratmeterpreise als ältere. Der Traum vom Eigenheim, früher in den meisten Ländern Europas ganz eng verknüpft mit der Definition von »Mittelschicht«, wirkt für viele mittlerweile unerreichbar.

Viele junge Menschen befinden sich dabei in einer Doppelmühle. Einerseits hat die Krise die Situation verschärft, sodass erstmals eine Generation eher mit sinkenden oder stagnierenden Einkommen konfrontiert ist. Andererseits schützen die Wohlfahrtsstaaten Europas darüber hinaus noch besonders die bestehenden Pensionisten mehr als die künftigen. Kurzum: Mit den niedrigeren Einkommen müssen auch noch die höheren Pensionen der Alten bedient werden. Das macht es alles andere als leicht, selbst nebenbei privat vorzusorgen oder einen Immobilienkredit abzubezahlen. Und dazu kommt, dass Mieten und Immobilienpreise teilweise deutlich gestiegen sind, nicht zuletzt, weil bei der wichtigsten Ausgabenkategorie eines jeden Haushalts – dem Wohnen – viele politische Fehler begangen wurden.

Lebenshaltungskostenkrise

Daten von Eurostat zeigen, dass bei den 25- bis 29-Jährigen der Anteil jener, die mehr als 40 Prozent ihres Einkommens für Wohnen aufwenden, in vielen Ländern nicht nur wesentlich höher ist als in anderen Alterskohorten. Er ist auch gestiegen. Junge Haushalte sind zunehmend von der Wohnungsknappheit in Form von höheren Kosten betroffen.[76] In Großbritannien hat sich dafür das Wort von der »Cost of Living Crisis« durchgesetzt.[77] Diese Lebenshaltungskostenkrise bedeutet nicht nur, dass am Ende vom Monat weniger übrig bleibt, sie hat noch viele weitere Auswirkungen, wenn etwa die Familienplanung aus Geldgründen hintangestellt wird oder es schwieriger wird, die Eigenmittel anzusparen, die nötig sind, um sich etwa eine

Immobilie auf Kredit zu kaufen. Hohe Kosten bedeuten schlicht weniger Spielraum – ob es nun um den Traum einer eigenen Wohnung, die Familiengründung oder Zukunftsinvestitionen geht.

Dass die laufenden Kosten so stark gestiegen sind, wird aufmerksame Zeitungsleser nicht überraschen. Die *Süddeutsche Zeitung* hat das Wohnen gar zur neuen »sozialen Frage« erhoben.[78] In Berlin werden allerlei wirtschaftspolitische Experimente gewagt, um der Wohnungsnot zu begegnen, und in den USA und Großbritannien, zwei Ländern, in denen das Eigenheim für viele ein wichtiger Bestandteil eines Planes für die Altersvorsorge ist, haben die hohen Preise junge Familien aus den Städten vertrieben. Die »Millennial Socialists«, also die neuen politischen, urbanen linken Bewegungen im angelsächsischen Raum, sind ganz erheblich auch durch die Verwerfungen auf den Immobilienmärkten aufgeschaukelt worden.

Juhu, steigende Preise!

Aber nicht für alle ist der Spielraum kleiner geworden. Denn was für die Jungen die Lebenshaltungskostenkrise ist, ist für viele Babyboomer vor allem eines gewesen: Ein Boom. Wer sich Immobilien gekauft hat, hat tatsächlich viel Vermögen aufbauen können, denn die Preise sind zwischen 1986 und 2016 schneller als die Einkommen gestiegen.[79] Kostete es in den größten Städten der Industrieländer 1985 noch etwas weniger als sieben durchschnittliche Jahreseinkommen, um sich eine 60-Quadratmeter-Wohnung zu kaufen, muss man dafür 2015 schon etwas länger als zehn Jahre arbeiten.[80] Anders gesagt: Junge Menschen müssen für denselben

Wohnraum deutlich länger arbeiten. Denn während sich die realen Einkommen junger Menschen, wie in Kapitel 1 gesehen, eher schwach entwickelt haben, gilt das ganz und gar nicht für die Immobilienpreise. Laut Daten der Bank für Internationalen Zahlungsausgleich sind die Häuserpreise seit 2008 real um 48 Prozent in Österreich, 34 Prozent in der Schweiz oder 28 Prozent in Deutschland gestiegen. In anderen europäischen Ländern wie Spanien oder Großbritannien, und auch in den USA, hat es hingegen schon vor 2008 einen massiven Immobilienboom gegeben, der der Krise zum Trotz viel Immobilienvermögen geschaffen hat. Schließlich befinden sich die globalen Immobilienpreise heute wieder über dem Niveau von 2008.[81]

Ein Grund dafür ist schnell gefunden: Weil die Zentralbanken weltweit mit extrem niedrigem Zins und einer Geldflut auf die Krise reagiert haben, um die Konjunktur zu stabilisieren, und die Politik alles versucht hat, um bestehende Immobilienbesitzer zu unterstützen, sind Häuser und Wohnungen zu einem noch aussichtsreicheren Investment geworden. Versicherungen, Banken, Pensionsfonds und reiche Investoren sind aus den zusehends gering bis gar negativ verzinsten Finanzinvestments ausgestiegen und haben lieber Zinshäuser, Immobilienfonds und Ähnliches gekauft. Die Mieten folgen – langsamer, aber doch – den stark gestiegenen Kaufpreisen gerade in den Großstädten.

Doch nicht nur die Nachfrage von Investoren ist gestiegen, auch die vielen Neuankömmlinge sorgen für höhere Preise. Gerade junge Menschen zieht es zunehmend in die Städte, etwa für ein Studium oder weil gerade junge, dynamische und kreative Branchen in urbanen Räumen boomen. Dazu ist auch noch die Migrationsbewegung Mitte der 2010er-Jahre gekommen. Auch wenn man das vor einigen Jahrzehnten anders vorausgesehen hatte: Die (Groß-) Städte sind weiterhin absolute Magneten für Menschen und Jobs.[82]

Das erzeugt ziemlich viel Wohnstress für junge Menschen. Dieser Stress fällt in den einzelnen Ländern unterschiedlich aus. So hat sich etwa in Großbritannien die Eigentümerquote bei den zwischen 25- und 30-Jährigen in den vergangenen 30 Jahren fast halbiert. Lebten noch fast zwei Drittel der 30-Jährigen aus dem Jahrgang 1961 in eigenen Immobilien, gilt das nur noch für rund 35 Prozent der 30-Jährigen aus den Jahrgängen Mitte der 1980er-Jahre.[83] Ähnliches gilt auch für Europa im Allgemeinen.[84]

Erstkäufer lassen aus

Der Immobilienökonom Michael Voigtländer zeigte in einer Studie für Deutschland, wer sich tatsächlich in den vergangenen Jahren Immobilienvermögen aufgebaut hat. In den zehn Jahren um die Finanzkrise hat die traditionelle Mieternation Deutschland einen Trend hin zum Wohneigentum gesehen. Doch wer hat sich tatsächlich nun Immobilien geleistet? Es waren eher die gut situierten älteren Haushalte. Die Anzahl der sogenannten »Erstkäufer«, die vor allem in den Alterskohorten zwischen 25 und 44 anzutreffen sind, wenn Familien gegründet oder erweitert werden, nimmt tendeziell ab. Seit 2011 sind die Eigentumsquoten bei den Jüngeren sogar gesunken. Bei den Älteren sind sie hingegen gestiegen.[85]

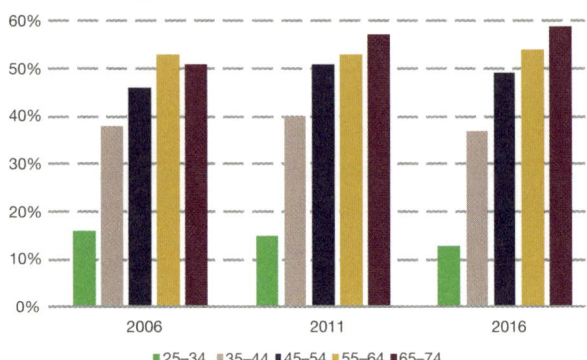

Deutschland: Weniger junge Eigentümer

Wohneigentumsquote nach dem Alter des Haushaltsvorstandes.

■25–34 ■35–44 ■45–54 ■55–64 ■65–74

Quelle: Institut der deutschen Wirtschaft auf Basis des SOEP v33 2016. Link: http://bit.ly/IWKEig

Warum bleibt vielen jungen Familien der Weg ins Eigenheim verwehrt, obwohl er für viele nach wie vor DER Inbegriff der Mittelschicht ist? In vielen Fällen scheitert es an der nötigen Eigenkapitalausstattung.[86] Angesichts drastisch gestiegener Immobilienpreise verschlingen die nötigen Eigenmittel mittlerweile gut und gerne eine sechsstellige Summe. Da mögen die Zinsen noch so niedrig und der mögliche Kredit noch so lange gestreckt sein, zunächst braucht man einfach Kapital.

In Österreich ist die Entwicklung ähnlich. Auch hier trägt eher die Alterung der Gesellschaft zu den steigenden Eigentumsquoten bei als etwa eine größere Leistbarkeit. Während nur 45 Prozent der 20- bis 39-Jährigen im Eigentum wohnen, ist diese Quote bei den älteren Jahrgängen zehn bis zwanzig Prozentpunkte höher. Dass Wohnungseigentum mit dem Alter zusammenhängt, ist dabei nicht sonderlich überraschend. Doch die Folgen, die sich aus dieser Erkenntnis zusammen mit den schnell gestiegenen Immobilienpreisen ergeben, sind umso bemerkenswerter. »Da ein großer Teil der Immobilien den älteren Generationen gehört, werden jüngere Generationen, die es sich nicht leisten können, in den produktivsten Orten mit den besten Beschäftigungschancen zu leben, ausgeschlossen«, sagt Gabriela Inchauste, Ökonomin für Poverty and Equity bei der Weltbank.[87]

Miete statt Mittelstand

Es ist also kein Wunder, dass mit Blick auf die Millennials öfter von einer »Generation Miete« die Rede ist. Wenn Eigentumspreise derart »zum Davonlaufen« sind, dann ist die Miete natürlich die nahe liegende Alternative. Doch auch hier hat sich die Situation für junge Menschen verschlechtert – vor allem dann, wenn es um die Ballungszentren geht, in denen Jobs, Ausbildungsplätze, aber eben auch viel Nachfrage nach Wohnraum besteht.

Nehmen wir Alena. Sie ist ein Mensch, den man in den politischen Hauptstädten Wien, Berlin oder Zürich ohne Zweifel eine qualifizierte Zuwanderin nennen würde. Sie hat ein Mathematik-Studium absolviert und dann noch einen Master in Immobilienwirtschaft angehängt. Die gebürtige Warschauerin spricht vier Sprachen – drei davon, Polnisch, Deutsch und Englisch, fließend – und hat ein sympathisches Auftreten. Als sie ihren Umzug nach Wien plante, weil sie einen Job bei einem großen Immobilienentwickler antreten sollte, war sie zunächst voller Vorfreude. Sie hatte zwar in Deutschland studiert, aber in Wien ein Auslandssemester verbracht, von daher kannte sie die Stadt. Doch die Wohnungssuche gestaltete sich überraschend schwierig. Sie versuchte vor ihrem Umzug aus Frankfurt, eine Wohnung zu bekommen, doch jede infrage kommende war schon weg, ehe sie noch überhaupt einen Besichtigungstermin vereinbaren konnte.

Sie ist einfach in gewisser Weise etwas zu spät gekommen. Viele Städte, nicht nur im deutschsprachigen Raum, ächzen unter dem Wachstumsdruck. In manchen Regionen ist Wachsen gar nicht so leicht, entweder weil es zu wenig benötigtes Bauland im Umfeld gibt, weil Anrainer sich gegen den dringend nötigen Neubau wehren oder weil das Bauen einfach mittlerweile sehr kompliziert ist. So oder so: Es gehört zu den Binsenweisheiten für Alena, »dass jede Stadt teuer ist, in der es interessante Jobs gibt«. Denn jede Stadt, die zuletzt gewachsen ist, zeichnet sich durch deutlich höhere Mieten und Immobilienpreise aus als früher.

Selbst in Wien, das international gerne als Vorbild genannt wird – aus einigen guten Gründen und trotz einiger weniger guter Gründe[88] –, sind die Mieten für Neuankömmlinge deutlich gestiegen. Die Statistikbehörde weist für den durchschnittlichen Mieter mit einer Mietvertragsdauer von unter zwei Jahren eine Nettokaltmiete von acht Euro pro Quadratmeter aus, für einen »Uralt«-Mietvertrag mit mehr als 30 Jahren Laufzeit sind es weniger als drei Euro fünfzig. Die Älteren sind also diejenigen, die tendenziell nicht nur über höhere Einkommen verfügen, sondern auch noch über deutlich günstigere Wohnverhältnisse. Wenn also gerade deutsche Medien den neidischen Blick auf Wien schüren, dann kommt dieser vor allem dann zustande, wenn man Mieter befragt, die schon lange in derselben Wohnung mieten – zu Konditionen, die kein junger Mieter mehr bekommt. Zumal sich Millennials noch in einem anderen Punkt von Boomern unterscheiden, selbst wenn beide mieten: Es ist sehr viel wahrscheinlicher, dass junge Menschen keine unbefristeten Mietverträge haben. Bei unter 30-Jährigen beträgt der Anteil der Befristungen 38,9 Prozent, bei über 60-Jährigen hingegen nur 9,2 Prozent. Nicht nur teurer wird gemietet, sondern auch unsicherer.

Wer zu spät kommt, den bestraft also auch die Miete. Und das gilt gerade in jenen boomenden Städten, die es verabsäumen – oder geografisch gar nicht so einfach in der Lage sind – auch mehr Wohnraum zu schaffen. Dazu kommt, dass eine strenge Regulierung von Mieten in vielen europäischen Städten wie auch in Wien zwar den bestehenden Mietern zugutekommt, doch zugleich dafür sorgt, dass es weniger neuen Wohnraum gibt.[89] Die Folge ist: In vielen Städten im deutschsprachigen Raum konnte die Bauaktivität nicht mit dem Bevölkerungswachstum mithalten. Und selbst wenn gebaut wird, dann wird relativ teuer gebaut. Und die Politik verschärft das Problem für junge Menschen auch noch mit Mietendeckeln, Mietpreisbremsen und Ähnlichem.[90]

Stubenhocker wider Willen

Doch wenn sowohl die Miete als auch das Eigentum zu teuer ist, was bleibt dann? Medien thematisieren schon seit vielen Jahren den letzten Ausweg aus der Wohnungskrise für die heutige Jugend: Die »Generation Stubenhocker«. In den USA etwa ist der Anteil der jungen Amerikaner, die noch bei ihren Eltern wohnen, so hoch wie seit 75 Jahren nicht.[91] Tatsächlich lebt mittlerweile wieder jeder Dritte 25- bis 29-Jährige bei seinen Eltern oder Großeltern. Der Anteil ist nicht nur der höchste seit 1945, er ist auch fast doppelt so hoch wie in den 1970er- und 1980er-Jahren, als die Boomer von zu Hause auszogen und nur jeder fünfte noch daheim wohnte. »Rise of the stay-at-home generation«, nannte die *Financial Times* das Phänomen in Großbritannien.[92] Immerhin wohnen aktuell um eine Million mehr junge Erwachsene noch bei ihren Eltern, als das vor 20 Jahren der Fall war.[93] Wenn selbst in den USA, in denen der amerikanische Traum so eng mit den eigenen vier Wänden verknüpft ist wie sonst fast nirgendwo, Millennials keine Immobilienkäufer mehr sind,[94] sondern auch als junge Erwachsene in Rekordzahlen zu Hause bei ihren Eltern wohnen, dann gibt es ein Problem.[95] In Europa ist der Anteil der »Stubenhocker« traditionell höher, aber in den vergangenen Jahren ist er insbesondere in jenen Ländern stark gestiegen, die wie Spanien, Italien oder Griechenland massive Wirtschaftskrisen durchlebten. In Österreich und Deutschland leben 19 bzw. 17,3 Prozent der 25- bis 34-Jährigen noch bei ihren Eltern. In Italien und Spanien hingegen sind es 49,3 bzw. 42,8 Prozent.

Doch wenn man eine Generation als Stubenhocker bezeichnet, schwingt noch etwas mit, das nicht wirklich zutrifft. Junge Menschen bleiben nicht bei ihren Eltern wohnen, weil sie es besonders angenehm und bequem finden. Sie bleiben, weil sich die Bedingungen auf dem Wohnungs- und Arbeitsmarkt verschlechtert haben. Oder weil hohe Immobilienpreise hohe Anzahlungen erfordern. Oder prekäre Beschäftigungsverhältnisse und schlechte Einkommensaussichten wiederum für den Mietmarkt erhebliche Hürden darstellen. Es ist ein *Mismatch*, ein ganz offensichtliches Ungleichgewicht, das junge Menschen zu Hause bei ihren Eltern hält. Kein Wunder also, wenn bereits regelrecht absurde Ideen gewälzt werden. »Würden Sie in einer Garage wohnen wollen?«, wird etwa in einem *BBC*-Artikel über neue Wohnformen gefragt.[96] Klein- und Kleinstwohnungen, temporäre Arrangements – es gibt kaum etwas, was nicht ausprobiert wird, um Kosten zu sparen.

Das immer spätere Erbe
Nun gibt es natürlich auch diejenigen, für die der Wohnstress nicht gar so ausgeprägt ist. Auch unter den jetzt 30-Jährigen gibt es solche, die die niedrigen Zinsen ausnützen und sich Haus und Garten in der Vorstadt kaufen oder mithilfe der »Eltern-Sparkasse« den Traum der eigenen vier Wände in der Stadt erfüllen. Wenn heute viel Vermögen bei den Babyboomern liegt, dann wird dieses Vermögen auch eines Tages an die jüngeren Generationen weitergereicht.

Doch selbst für diejenigen, die in der glücklichen Position sind, eines Tages Erbschaften ihrer Eltern, Groß- oder Urgroßeltern zu erwarten, geht es oft nicht wirklich zusammen. Denn die deutlich gestiegene Lebenserwartung sorgt dafür, dass das existierende Firmen- oder Immobilienvermögen auch immer später an die folgende Generation weitergereicht wird. Tatsächlich zeigen Daten für England etwa, dass die wahrscheinlichsten Erben bereits selbst die Alterskohorte zwischen 55 und 64 Jahren sind. Die Babyboomer werden ihren Nachfahren selbst wohl erst dann etwas vererben, wenn diese selbst jenseits der 60 sind.[97]

Eine Frage des (Un-)Vermögens

Aus dem Wohn- und dem Pensionskapitel ergibt sich ein klarer Auftrag an die junge Bevölkerung: Sorgt vor! Denn wenn Pensionssysteme vom demografischen Wandel überbeansprucht werden und das essenzielle Wohnen immer teurer wird, dann bleibt nur die eigene Vorsorge übrig, um sich selbst für die Zeit im Alter etwas auf die Seite zu legen. Tatsächlich legen einige Studien in den USA und Großbritannien nahe, dass »die Jugend heutzutage« eben gar nicht so spendierfreudig ist, sondern im Gegenteil sogar relativ viel spart, um sich abzusichern.[98] Die FIRE-Bewegung, die schon möglichst früh die finanzielle Unabhängigkeit anstrebt, ist dabei nur eine extreme Ausprägung.

Doch auch hier gibt es ein eklatantes Problem. Wenn die jungen Menschen heute zu sparen beginnen, tun sie das in einem geradezu toxischen Umfeld. Die Zinsen sind extrem niedrig und die Vermögenspreise, nicht nur bei Immobilien, sondern auch bei Aktien, sehr hoch. Auch hier gilt: Wer zu spät kommt, der schaut renditetechnisch durch die Finger. Die Value-Investoren bei der US-Fondsgesellschaft GMO etwa, die regelmäßig auf Grundlage der aktuellen Vermögenspreise schätzen, wie viel Rendite denn in den nächsten sieben Jahren zu erwarten ist, schätzen aktuell für viele Anleihenmärkte eine schwarze Null und für die riskanteren Aktien nur in den Schwellenländern wirkliche Renditen.[99] Das ist sehr wenig, verglichen mit den langfristigen Renditen bei Aktien (9,4 Prozent pro Jahr zwischen 1900 und 2018) oder Anleihen (4,9 Prozent pro Jahr).[100] Nehmen wir einmal an, dass die realen Renditen heute nur noch halb so hoch sind, wie sie früher waren, dann brauchen die Millennials 46,5 Jahre, um ihr Kapital real zu verdoppeln. Anders gesagt: 33 Jahre länger, als es in der Vergangenheit der Fall war.[101]

Das liegt nicht in meiner Hand!
Diese mickrigen Renditen werden nur vielleicht nicht reichen. Und so kommt bei vielen jungen Menschen offensichtlich zur Unzufriedenheit auch eine gewisse Aussichtslosigkeit. Wenn Immobilien so teuer, Zinsen und Renditen so gering und nur geschützte Mieten billig sind, dann braucht man entweder ein Erbe oder Glück bei der Wohnungssuche. Die Meinungsforscher des US-amerikanischen Pew Research Center haben etwa Millennials in den USA und einigen europäischen Ländern für ihr Global Attitudes Project befragt, ob der Erfolg in ihrem Leben hauptsächlich von externen Faktoren abhängt oder selbst gemacht ist. Eine Mehrheit in Frankreich, Polen, Griechenland, Italien und Deutschland wähnt ihr Schicksal in fremden Händen, bei den jungen Deutschen sind es gar 63 Prozent (zum Vergleich: In den USA sind es 43 und in Großbritannien 37 Prozent).[102] Nun kann man dahinter vielleicht eine Überdosis Staatsgläubigkeit wähnen. Nach dem Motto: Die Probleme wird eines Tages eh jemand erkennen und lösen. Und doch sind diese Zahlen ein

Alarmsignal. Im nächsten Kapitel soll es aber um die drei wichtigsten Wege gehen, das Schicksal in die eigene Hand zu nehmen: Bildung, Bildung und Bildung.

Kapitel 5
Die prekäre Elite
Warum mehr Bildung notwendig, aber nicht immer ausreichend ist

Es gibt nur eins, was auf Dauer teurer ist als Bildung:
keine Bildung.
John F. Kennedy

Bildung. Das Wort ist Aufruf und Versprechen zugleich für meine Generation. Es gibt kaum etwas, was uns unsere Eltern, unsere Lehrer und fast jeder Experte als noch erfolgversprechender angepriesen haben. Mehr Bildung, immer. Das ist so etwas wie eine Lösungsformel für nahezu alle politischen Probleme, die da gewälzt werden. Digitalisierung? Mehr Bildung. Freihandel? Mehr Bildung. Höhere Lebenserwartung? Mehr Bildung.

Doch wenn es allein danach geht, dann kann man sagen: Es geht uns besser. Denn die Generation der Millennials ist die am besten ausgebildete aller Zeiten. Wenn es nach den formalen Bildungsabschlüssen geht, dann leben die Jungen in der besten aller Bildungswelten. In der Schweiz etwa ist der Anteil der 25- bis 34-Jährigen mit einem tertiären Bildungsabschluss von einer Hochschule zwischen 2000 und 2018 von 25,6 auf 51,2 Prozent gestiegen. Auch in

Österreich und Deutschland sind die Anteile heute mit 40 bzw. 32 Prozent so hoch wie noch nie.[103]

Das sind ja an sich gute Voraussetzungen für die Zukunft, sollte man meinen. In nahezu allen EU-Ländern sind die jungen Menschen heute formal besser gebildet als jemals zuvor.[104] Sie haben den Eltern, Lehrern und Experten offenbar zugehört.

Bildung: Nötig statt erfolgversprechend?

Allerdings können sich die Jungen von ihren Abschlüssen vielleicht nicht so viel kaufen. Der französische Soziologe Louis Chauvel hat dieses Phänomen genauer untersucht und auf eine deprimierende Formel gebracht: Eine gute (akademische) Ausbildung ist »more necessary and less sufficient«.[105] Bildung ist zwar immer notwendiger, aber immer weniger ausreichend. Die Forscher finden gerade für jüngere Menschen ein ernüchterndes Ergebnis: Die vielen universitären Studien und Abschlüsse, die auf sich genommen wurden, um das eigene Lebenseinkommen über die Zeit massiv zu steigern, zahlen sich weniger und weniger aus. Die »Belohnung« für die Bildungsinvestitionen ist so gesehen in den vergangenen Jahrzehnten gesunken. Wir sind in gewisser Weise auch zu spät zur Bildungs-Party gekommen.

Die massive Explosion an universitären Studienangeboten, Studierendenzahlen und auch Absolventen hat eine Folge, die nicht unbedingt überraschen muss: Wenn von etwas immer mehr angeboten wird, in diesem Fall gut ausgebildete junge Menschen mit Universitätsabschlüssen, dann passiert es, dass die Preise – in diesem Fall die Löhne – nicht mithalten, wenn nicht gleichzeitig auch die Nachfrage massiv steigt. Und – wie wir im nächsten Kapitel noch sehen werden – selbst wenn in einigen Dienstleistungsbranchen mehr Studienabgänger nachgefragt werden, so heißt das nicht, dass deren Einstiegsgehälter abseits der sogenannten »Superstar-Unternehmen« auch dementsprechend gestiegen sind.

Man darf diese Ergebnisse aber auch nicht zu hoch hängen. Mehr Bildung zahlt sich weiter aus, nur eben nicht mehr so wie noch für die Generationen davor. Denn weil immer mehr gut ausgebildete Menschen um Jobs in Konkurrenz stehen, hat es auch eine gewisse Anforderungsinflation auf dem Arbeitsmarkt gegeben. Wie bei jeder anderen Inflation geht es im Kern um eine Entwertung. Ein Abschluss, eine Fähigkeit oder ein Bildungsweg wird dadurch entwertet, dass ihn viele andere Bewerber auch schon mitbringen und er daher von den Arbeitgebern bei der Bewerbung schon vorausgesetzt werden kann. Ein Master-Titel wird dann schnell von einem *Nice to have* zu einem *Must Have*, um überhaupt in einen Bewerbungsprozess eingeladen zu werden. Wenn also der Banker in unserem vorangegangenen Kapitel sagte: »Der heutige Master-Abschluss ist die Matura von früher«, dann meint er genau das. Es ist nicht so, dass die heutigen Master-Absolventen nur über denselben Wissensstand wie frühere Maturanten verfügen. Aber die Anforderungen haben sich so verändert, dass junge Menschen nur mit wesentlich höherer Ausbildung in gewisse Berufsfelder vordringen können.

Mittelschicht: Eintritt nur mit Vorkenntnis

Man kann also von einem *Arms Race* sprechen, also einem Aufrüstungswettlauf wie im Kalten Krieg, in den sich junge Menschen da zusehends begeben. Man muss mehr und mehr in Karriere, CV und Abschlüsse investieren, aber weil das viele gleichzeitig machen, nimmt der Vorsprung auch schnell wieder ab. Die Eintrittskarte für die Mittelschicht ist somit teurer geworden. Die Schlussfolgerung bei den Analysten der OECD ist eindeutig: »Das Anforderungsprofil, um zur Mittelschicht zu gehören, ist heute strenger.« Früher, so die Wirtschaftsforscher, habe in den meisten Industrieländern ein gut ausgebildeter Einkommensbezieher gereicht, um eine Familie in der Mittelschicht zu finanzieren. Das sei heute oft nicht mehr der Fall.[106]

Wie zermürbend dieses *Arms Race* ist, das konnte man in einem Text lesen, der vor Kurzem in sozialen Netzwerken viral gegangen ist – also viel geteilt, diskutiert und analysiert wurde. Anne Helen Petersen schrieb für *BuzzFeed* zu Jahresbeginn 2019 über die Millennials als die »Burn-out Generation«. Ihre These war recht eingängig: Der harte Wettbewerb sorge dafür, dass sich Millennials genötigt sehen, »uns selbst zu optimieren, um die bestmöglichen Arbeitnehmer zu sein, die es gibt«.[107] Und diese Selbstoptimierung, die ständige Erreichbarkeit und eine damit einhergehende Hyperaktivität sei ein mentales Seiltanzen – mit der Gefahr vom tiefen Fall. Wobei das in den USA nicht zuletzt an den sehr hohen Studienkosten liegt, die dazu führen, dass viele junge Menschen ihren Berufsweg mit einer fünfstelligen Darlehenssumme auf dem Rücken beginnen.

Das absurde Lebenszyklus-Modell

Und während die Renditen abnehmen, ist gleichzeitig auch immer mehr Menschen klar, dass die althergebrachte Aufteilung der Lebensjahre in rund 12- bis 20 Jahre Bildung, dann rund 40 Jahre Arbeit und dann 25 Jahre Ruhestand immer absurder wirkt. So schnell ändern sich die Anforderungen an jedem Arbeitsplatz, der auch nur ein wenig mit Auswirkungen der Digitalisierung konfrontiert ist, dass lebenslanges Lernen nicht nur Buzzword, sondern auch Tatsache geworden ist. Die Worte »Ausbildung« und »ausgebildet« wirken geradezu grotesk antiquiert, als könnte der Bildungsprozess angesichts der immer schnelleren technologischen Veränderungen jemals »abgeschlossen« sein. Die Bildungsjahre reichen also immer länger in das Erwerbsleben hinein, und manchmal wird es auch Arbeitspausen geben, um sich wieder um- oder weiterzubilden.[108]

Polarisierte Bildungswelt

Die Nachfrage nach Bildung und die an sie geknüpften Hoffnungen angehender Studierender ist aber aus anderer Sicht ja geradezu ein *First world problem*, ein Luxusproblem des Bildungssystems. Doch leider führt Bildungsversagen genauso zu enormen Herausforderungen. So zeigt sich in Europa ein immer noch sehr hoher Anteil an jungen Menschen, die weder in Ausbildung sind noch in einem Beschäftigungsverhältnis stehen. Sie sind also NEETs (*Not in Employment, Education or Training*).[109] Es mag weniger dieser Outsider geben als noch mitten in der Schuldenkrise, doch es sind immer noch zu viele, wenn man bedenkt, wie wenige junge Menschen es in Relation aktuell gibt, um die künftigen Pensionen im Sozialstaat zu sichern. Und wie groß die Chancen (und Herausforderungen) für die künftigen Selbstständigen und Angestellten sind, wenn es um moderne Technologien, Digitalisierung und Kommunikation geht.

15–29-Jährige ohne Beruf oder Ausbildung

Anteil der NEETs (Not in Employment, Education or Training) in ausgewählten Industrieländern.

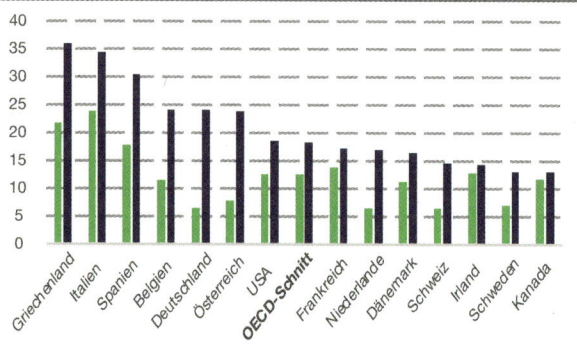

Quelle: OECD Education at a Glance 2018, Daten für 2015. Link: http://bit.ly/NEETMigr

»No child left behind« ist nicht nur ein schöner politischer Spruch zum Versprechen eines inklusiven Bildungssystems, das kein Kind zurücklässt. Das ist auch eine Mahnung, mit der »knappen Ressource« junger Menschen nicht politisch sorglos umzugehen. Ein Bildungssystem, das zunehmend Menschen hervorbringt, denen auch Grundkompetenzen wie Lesen, Schreiben und Rechnen fehlen, scheitert auf ganzer Linie. Selbst in Deutschland zählt jeder Zehnte laut Eurostat zu den »Schulabbrechern«, in Österreich sind es 7,3 Prozent, in Italien gar 14,5 Prozent.

Brennpunkt Schule

Dass es also auch im Bildungssystem selbst hakt, ist immer offensichtlicher. Wer selbst an der Schule oder an der Universität arbeitet, findet Systeme vor, die in die Jahre gekommen sind und unter Fehlern der Vergangenheit leiden. In der Schule etwa werden junge Lehrer immer häufiger mit einem toxischen Umfeld konfrontiert, in dem der Unterricht in den Hintergrund tritt. »Zwischen Sokrates und Sozialarbeit« wähnte einmal die Bertelsmann Stiftung den Berufstand aufgerieben.[110] In der Realität sieht das dann so aus, dass Lehrer – junge wie ältere – an öffentlichen Schulen darum kämpfen müssen, den vorgeschriebenen Stoff überhaupt durchzubekommen. In Wien hat die Lehrerin Susanne Wiesinger eine heftige Debatte darüber ausgelöst, wie es an sogenannten »Brennpunktschulen« zugeht, und insbesondere auch einen »Kulturkampf« beschrieben, wenn Jugendliche mit unterschiedlichem Migrationshintergrund aufeinandertreffen.[111]

An diesen Schulen haben viele Jugendliche Probleme, die sie natürlich nicht so einfach zu Hause lassen können, sondern in die Schule mitnehmen. Konflikte zwischen Ethnien, zwischen Klassen und auch mit dem Lehrpersonal stehen dann an der Tagesordnung. In Österreich wird daher etwa ab 2020 ein Pilotprojekt zu »Timeout«-Gruppen durchgeführt. Die Jugendlichen sollen also im wahrsten Wortsinn aussetzen, damit sich eine eskalierte Situation wieder abkühlen kann. Wie sich die Schule doch verändert!

In Wien kommt es mittlerweile zu politisch absurden Situationen. Während die Stadtpolitik stets an das Gemeinschaftsgefühl appelliert und das Problem eher kleinkommunizieren möchte, wurde einer Bekannten, die ihr Kind in einem Bezirk zur Volksschule anmelden wollte, vom Stadtschulrat, also der offiziellen Instanz, empfohlen, das Kind nicht in die öffentliche Schule zu schicken.[112] Und wer sich die Zahlen zu den Anteilen ausländischer Kinder an Schulen in Wien ansieht, stellt fest, dass es Schulen gibt, an denen für 80 Prozent der Schüler die Umgangssprache zu Hause nicht Deutsch ist. Beim PISA-Test der OECD, mit dessen Hilfe man versucht, unter anderem die Lese- und Rechenkompetenzen über Landesgrenzen hinaus vergleichbar zu machen, schneidet Österreich zwar nur im Mittelfeld ab, doch die Spreizung zwischen österreichischen und ausländischen Schülern ist enorm. Bei den Lesekompetenzen etwa liegen die Österreicher mit österreichischen Eltern ungefähr im EU-Schnitt, doch bereits die Schüler mit Migrationshintergrund, deren Eltern im Ausland geboren wurden, liegen im EU-weiten Vergleich auf den hinteren Rängen. Ein ähnliches Bild zeigt sich bei im Ausland geborenen Jugendlichen.[113] Das ist angesichts der Tatsache, dass in Österreich 35 Prozent der jungen Menschen einen Migrationshintergrund haben, ein riesiges Versäumnis.

Prekäre Bildungselite

An den Universitäten selbst geht es aber mitunter auch trist zu. Die vermeintliche Bildungselite sieht sich gehörig unter Druck. Wer nach dem Studium an der Universität bleiben möchte, um zu lehren und zu forschen, findet sich auf einem harten Pflaster wieder. Eine Freundin, die an einer technischen Hochschule arbeitet, meinte einmal: »Die Elite von morgen arbeitet wie das Prekariat von gestern.« Denn gerade an den Hochschulen habe sich ein massiver generationeller Graben aufgetan, der noch tiefer ist als früher. Auf der einen Seite gibt es in vielerlei Hinsicht privilegierte Professoren, auf der anderen Seite eine Armada an Lektoren, Assistenzprofessoren, *junior professors* oder Tutoren, die sich mit oft eng bemessenen Kettenverträgen von Jahr zu Jahr hangeln. Die gelebte Praxis der Kettenverträge führt dazu, dass junge Lektoren, Assistenten oder Post-Docs nicht fix und unbefristet angestellt werden. Nein, sie erhalten semester- und jahresweise einen Lehr- oder Forschungsauftrag. Ob dieser nach Ablauf verlängert wird, hängt dann neuerlich von der Finanzierungssituation ab.

Der Fall einer Forscherin an der Universität Wien hat in Österreich für Aufsehen gesorgt und auch den Europäischen Gerichtshof beschäftigt.[114] Sie hat ganze zwölf Jahre mit befristeten Verträgen an der Medizinischen Universität Wien gearbeitet. Kettenverträge sind für viele Betroffene freilich mit einigem an Stress verbunden. Gibt es im nächsten Jahr wieder Mittel für das Projekt? Gibt es den Schwerpunkt noch, wenn der Professor jemals die Universität verlassen sollte? Sicherheit sieht jedenfalls anders aus als auf den Universitäten. Tatsächlich finden sich in Deutschland, der Schweiz und Österreich allesamt heftige Anzeichen dafür, dass die vielen Dissertanten und angehenden Akademiker nach besseren Arbeitsbedingungen gieren. Der deutsche Bundesbericht Wissenschaftlicher Nachwuchs liest sich streckenweise wirklich nicht wie eine Werbung für eine wissenschaftliche Karriere: Die Unvereinbarkeit von Familie und Wissenschaftsberuf führt ein Gutteil auf berufliche Unsicherheit zurück.[115] Doch zugleich sind Universitäten oftmals in der komfortablen Lage, aus dem Vollen schöpfen zu können. Als vor Kurzem an meiner Alma Mater eine Professur frei wurde, haben sich Dutzende hochqualifizierte Bewerberinnen und Bewerber gefunden, und Auslandsösterreicher auf drei Kontinenten haben sich auf die Stelle beworben.

So groß die Herausforderungen an vielen Schulen und Universitäten auch sein mögen, an und für sich herrscht ja große politische Einigkeit wie wichtig das Thema für die Zukunft ist. Die Lösungsformel »Mehr Bildung, immer« wirft natürlich nicht nur ökonomisch etwas ab. Schließlich zeigen Studien immer wieder, dass mit einem höheren Bildungsabschluss auch andere Faktoren verbunden sind: Von einer besseren Work-Life-Balance über eine höhere Lebenszufriedenheit bis zu mehr politischer Partizipation.[116] Im Vergleich zu den Versprechen wirkt das aber fast wie ein schwacher Trost.

Kapitel 6

Migration heißt »Mit den Füßen abstimmen«

Junge Menschen müssen aus der Herausforderung Migration wieder eine Chance machen

> *It's just obvious that you can't have*
> *free immigration and a welfare state.*
> Milton Friedman

Die Freiheitsstatue ist bis heute ein imposantes Denkmal der freien Welt. Dieser Geist des weltoffenen Amerikas ist direkt vor der Weltstadt New York auf einer Gedenktafel in einem Sonett von der jüdischamerikanischen Dichterin Emma Lazarus wortgewaltig eingefangen. An einer Stelle heißt es:

> Give me your tired, your poor,
> Your huddled masses yearning to breathe free,
> The wretched refuse of your teeming shore.
> Send these, the homeless, tempest-tossed to me:
> I lift my lamp beside the golden door.[117]

Wie haben sich die Zeiten doch verändert! Migration ist längst kein Thema mehr, das politisch mit einem bedingungslosen Versprechen einhergeht, die Lebensbedingungen aller verbessern zu wollen. Dabei ist sie traditionell genau das: Ein freies Zuwanderungsregime wie jenes der USA lockte über Jahrzehnte Talente aus aller Welt an – und all jene, die vor den korrupten, unfähigen Regierungen ihrer Heimatländer fliehen und ihre Lage verbessern wollten. Migration war aus dieser Sicht die »Abstimmung mit den Füßen«, der ultimative Protest.

Doch gerade in Europa wurden auch weniger gute Erfahrungen gemacht. Zuwanderer waren zwar in Zeiten der Hochkonjunktur gerne gesehen, doch die Integrationserfolge haben sich nicht automatisch eingestellt. Spätestens nach der Ankunft vieler Flüchtlinge in Europa in den Jahren 2015 und 2016 hat sich die Migration zu einem zentralen, polarisierenden Thema in vielen europäischen Hauptstädten entwickelt. So absehbar die Fluchtbewegung aus dem arabischen und afrikanischen Raum auch für Migrationsforscher war – als Hunderttausende Menschen nach Österreich, Deutschland oder Schweden kamen –, schienen Behörden und Politik überfordert zu sein. Heute sagen immer noch 34 Prozent der Europäer gemäß der Eurobarometer-Umfrage, dass der Umgang mit Zuwanderung die oberste Priorität für die Europäische Union hat.[118] Auch junge Menschen zwischen 15 und 30 Jahren halten sie für eine der großen Herausforderungen.

Zuwanderung gefragt

Dabei sind die grundlegenden Voraussetzungen ja relativ eindeutig. Für die geforderten Sozial- und Pensionssysteme ist Migration von jungen, arbeitsfähigen und im besten Falle ausgebildeten Menschen eine wichtige Unterstützung. Es braucht mehr und breitere Schultern, um die zunehmend hohen Versprechen der Vergangenheit auch wirklich einzulösen. Und die kleinen, mittleren und großen Unternehmen im deutschsprachigen Raum sind händeringend auf der Suche nach Fachkräften, die vielleicht kein Studium abgeschlossen haben, aber sich für eine Lehre oder einen technischen Beruf begeistern. Seit 2008 ist in Österreich der Anteil von Ausländern an allen Beschäftigten von 15,5 auf 20,9 Prozent und in Deutschland von 14,6 auf 18 Prozent gestiegen.[119] In einigen Branchen läuft ohne Arbeitskräfte aus dem Ausland so gut wie nichts mehr.

Zuwanderungsländer wider Willen?

Doch so logisch auch diese Feststellung ist, so irrational sind viele Politikmaßnahmen gewesen, die in den vergangenen Jahrzehnten ergriffen wurden und die dazu führen, dass es an der künftigen Generation liegt, aus der Zuwanderung die Chance zu machen, die sie ist. So wurde der Integration eher wenig Bedeutung beigemessen, etwa gezielten Sprach- und Bildungsangeboten. Heute haben viele Migranten erster und zweiter Generation immer noch sprachliche Defizite, die sich direkt auf ihre Chancen auf dem Arbeitsmarkt auswirken.

Und in der politischen Debatte wurde Asyl mit Zuwanderung gleichgesetzt, Flüchtlinge mit Arbeitsmigranten, sodass heute viele Diskussionen um Zuwanderung toxisch sind. Es klingt paradox: Europa überaltert, hat selbst zu wenige Kinder und braucht Einwanderung, die politisch aber nicht gewollt ist. Man könnte aus den Analysen ja einen sehr simplen Schluss ziehen: Wer die vergangenen Pensionsversprechen künftig finanzieren möchte, kann entweder die Steuern drastisch erhöhen oder für qualifizierte Zuwanderung – und damit neue Einzahler – sorgen.[120]

Und ein Blick auf die Zahlen zeigt ohnedies, dass Europas Wohlfahrtsstaaten längst Zuwanderungsländer sind – wenngleich durchaus in unterschiedlichem Ausmaß. Zwischen 1990 und 2017 ist der Anteil von Zuwanderern an der Gesamtbevölkerung in Österreich von 10,3 auf 19 Prozent gestiegen. In Deutschland von 7,5 auf 14,8 Prozent. Und in der Schweiz von 20,9 auf 29,6 Prozent. Junge Menschen wachsen heute in deutlich diverseren Gesellschaften auf als noch ihre Eltern. In Deutschland und Österreich hat etwa jeder Dritte zwischen 15 und 34 Jahren Migrationshintergrund[121], in der Schweiz jeder Zweite.

Migration: Die gute und die weniger gute Nachricht

Das bringt eine gute und eine weniger gute Nachricht mit sich. Die gute Nachricht ist eindeutig: Die hohe Migration nach Österreich, Deutschland und in andere europäische Länder ist der Beweis dafür, dass der Wohlstand hierzulande immer noch ein Magnet ist. Doch dass die Migration in den vergangenen 18 Jahren, zwischen 1990 und 2017, der einzige Grund für das Wachsen der Gesellschaften war, gibt doch Anlass zu einer gewissen Sorge.

Denn die schlechte Nachricht lautet: Wenn Länder wie Österreich und Deutschland weiter ihren eigenen Mangel an Nachwuchs und jungen Menschen mit Zuwanderung ausgleichen wollen, müssen sie auch ihre

Politik verändern. Sonst droht aus der Zuwanderung wie im und nach dem Jahr 2015 ein politisches Dauerthema zu werden, das alle anderen Politikfelder überlagert. Und darum muss man sich nicht nur aus taktischen Gründen sorgen oder weil man eine ablehnende Haltung zu Arbeitsmigration hätte. Es zeigt sich, je mehr zu diesem Thema geforscht wird, dass es eine gewisse soziale Ablehnung gerade in ausgebauten Wohlfahrtsstaaten gibt, wenn es um Zuwanderung geht.[122] Aus diesen Gründen nannte es der Entwicklungsökonom und Migrationsforscher Paul Collier einen »bizarren Irrtum«, mit mehr Zuwanderung die Alterungsprobleme in Europa lösen zu wollen.[123]

Europa wächst vor allem durch Migration

Bevölkerungswachstum von 1990–2017 durch natürliches Bevölkerungswachstum bzw. Nettomigration, in Prozent.

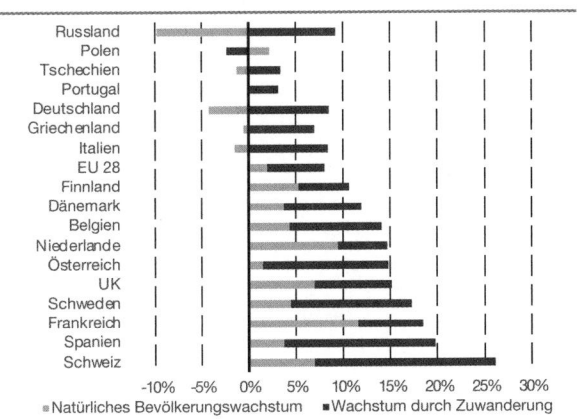

Quelle: Eurostat, Population Europe. Link: http://www.populationeurope.org/

Wirklich kritisch wird es dann, wenn nicht angemessen in die Bildungssysteme investiert wird, um wirklich das ganze Potenzial der Zuwanderung auszuschöpfen.

Wenn etwa selbst in Österreich oder Deutschland fast jeder vierte junge im Ausland geborene Mensch weder in Ausbildung noch in Beschäftigung ist oder wenn es an zentralen Kompetenzen mangelt, obwohl die Schulkarriere abgeschlossen ist, ist das eine enorme Verschwendung. Und gerade für Sozialsysteme, die bereits die demografische Entwicklung stemmen müssen, ist eine zusätzliche Belastung alles andere als wünschenswert – und politisch sogar hoch umstritten.

Wenn die Guten gehen
Doch Migration geht ja nicht nur in eine Richtung. In den vergangenen Jahren hat sich auch noch ein anderes Phänomen in einigen europäischen Ländern eingestellt: Die Angst vor einem »Braindrain«. In Österreich und Deutschland wird die Sorge um die Abwanderung der Hochqualifizierten immer größer. In meinem Bekanntenkreis hat es vor allem Mediziner, Physiker und Wirtschaftswissenschafter ins Ausland gezogen. Besser gesagt haben die teils vergleichbar schlechten Bedingungen im Universitätsbetrieb hierzulande sie geradezu abgestoßen. Vor allem die Laufbahn für Jungmediziner gleicht in Österreich zum Karrierebeginn einem Sozialexperiment. Ein Vertreter der Jungärzte nannte das Turnussystem einmal eine »Katastrophe«. Und da es schon lange in anderen Ländern besser geht, gehen auch viele gute Jungmediziner, denn im Ausland winken eine bessere Ausbildung und auch bessere Bezahlung.

Ein Problem bekommen Länder wie Österreich und Deutschland dann, wenn sie nicht nur für Waren und Dienstleistungen, sondern auch für Hochqualifizierte zum »Exportweltmeister« werden. Dann hat man zwar die Kosten der Aus- und Weiterbildung, andere Länder aber den Nutzen. Ein Land fungiert dann nur als »Durchlauferhitzer«[124], bildet aus, gibt die klugen Köpfe dann aber ab. Und eines ist klar: Das prekäre Jungwissenschafter-Dasein aus dem Vorkapitel lädt dazu ein, das Weite zu suchen. Schließlich ist die Situation in der »Academia« im angelsächsischen Raum oftmals eine wesentlich bessere. Projekte sind dort langfristiger planbar und besser bezahlt.

Umgekehrt gelingt es Österreich und Deutschland im Gegensatz etwa zur Schweiz relativ schlecht, Forschungs- und Wissenschaftstalente zu halten oder überhaupt ins Land zu locken. Während die Schweiz mit den technischen Hochschulen, den ETHs, schon lange eine »Exzellenzstrategie« fährt, die auch Forscher aus dem Ausland anlockt, gelingt das umgekehrt deutlich seltener. Und es ist offensichtlich: Qualifizierte Ab- statt Zuwanderung löst keines der Probleme. Im Gegenteil.

Zäune und Mauern

Migration muss künftig auch wirklich ein Erfolg werden. Schnelle Sprachkurse, Weiter- und Umbildung für aussichtsreiche Branchen und Anreize, dorthin zu gehen, wo auch Arbeit angeboten wird, wären allesamt Wege, um die Integrationserfolge zur Regel zu machen. Sonst werden nämlich in Europa künftig Zäune und Mauern das Symbol dafür sein, wie man mit Migration umgeht. Und eben nicht eine Freiheitsstatue.

Ich bin selbst ein Nutznießer des zusammengewachsenen Europas. Über viele Jahre habe ich immer wieder für einen Verlag in London gearbeitet, so unbürokratisch, wie es für meine Elterngeneration sicherlich nie der Fall gewesen wäre. Aber nach einigen Jahren, in denen die Zuwanderung Thema Nummer eins in vielen Hauptstädten Europas – und wichtiger noch: dazwischen – war, ist es alles andere als ausgemacht, dass die Personenfreizügigkeit 2040 noch genauso aussehen wird, wie sie das 2020 tut.

Kapitel 7
Das Klima
Es wird heiß im Generationenkonflikt

There is no planet B.
Eines von vielen Schildern bei
»Fridays for Future«-Protesten.

Es ist wieder einmal Freitag. Auf einem der vielen Schilder, die da in die Höhe gestreckt werden, steht »Ihr habt verschlafen. Wir sind der Wecker.« Tausende junge Menschen haben sich an diesem Märztag auf dem Wiener Heldenplatz versammelt, um im Rahmen einer der vielen »Fridays for future«-Demonstrationen ihrem Protest Ausdruck zu verleihen. Das machen auch viele Gleichgesinnte, gerade in den Städten Europas. Der Protest ist friedlich, doch die Stimmung ist nicht unbedingt ausgelassen. Das Gerede von der »Fun Generation« wirkt hier doppelt deplatziert, denn wer mit den Schülern spricht statt nur über sie, der merkt, wie frustriert und auch wütend man hier ist. Es ist eher das Gegenteil von der Spaßgesellschaft spürbar: Es ist die große Ernsthaftigkeit, die sich da breitgemacht hat.

Und diese Ernsthaftigkeit findet man auch in Befragungen wieder. Eine der groß angelegten Jugendumfragen in Europa, das Eurobarometer unter knapp 11 000 jungen Menschen zwischen 15 und 30 Jahren, zeigte 2018, dass die Jugend für die Europäische Union ein paar Prioritäten sieht: Bildung, Beschäftigung und die Migration sind uns mittlerweile schon aus den Vorkapiteln bekannt. Doch Umwelt- und Klimaschutz ist vor allem den jungen 15- bis 19-Jährigen das wichtigste Anliegen.[125] Das überrascht nicht. Beim Klima- und Umweltschutz geht es schließlich um die Zukunft, gerade auch die fernere. Da werden Klimaziele für das Jahr 2050 oder 2100 gesetzt und Szenarien für die nächsten 100 Jahre gewälzt. Dass für die älteren Millennials die Themen Bildung und Beschäftigung eine etwas größere Rolle spielen, überrascht angesichts der Herausforderungen in diesen Bereichen auch nicht. Aber auch für sie ist die Klimafrage zentral. Bei den Beratern von Deloitte machte sich angesichts der jugendlichen Ernsthaftigkeit ganz offensichtlich bei ihrer 2019er-Version des »Millennial Survey« eine gewisse Sorge breit, heißt es beim Beratungsunternehmen doch: »Wenn die Generationen, die die Zukunft schultern müssen, sich so skeptisch zeigen, ist das ein deutliches Warnsignal.«[126]

Zu spät zur CO_2-Party

Dabei ist der Pessimismus nicht ganz unbegründet. Denn außer bei den Pensionen geht es in keinem anderen Politikfeld so klar um einen Ausgleich zwischen Generationeninteressen wie beim Klimaschutz. Was heute emittiert wird, darf morgen nicht mehr emittiert werden oder führt zu hohen sozialen Kosten für alle auf dem Planeten. Doch wie bei den Pensionen scheint es auch beim Umweltschutz ohne handfeste Krisen keine Nachhaltigkeit zu geben. Wer als Politiker in

Berlin, Brüssel oder Wien heute nicht agiert, spürt die Konsequenzen selbst nur in überschaubarem Ausmaß, selbst wenn die eigenen Enkel sehr wohl darunter leiden werden.

Kommen wir also zu den Fakten. So wie es aktuell aussieht, wird die globale Klimapolitik am selbst gesteckten Ziel scheitern: Es wird die europäische scheitern, die chinesische und die amerikanische. Schließlich soll die Reduktion von neuen CO_2-Emissionen bis 2050 dazu führen, dass das Pariser Klimaziel eingehalten wird, wonach der globale Temperaturanstieg auf nur 1,5 Grad im Vergleich zum vorindustriellen Zeitalter begrenzt sein soll. Dafür müssen sich alle Länder zu Maßnahmen durchringen, die zu weniger Verbrennung von Öl und Gas, weniger Kohlestrom oder auch mehr saubereren Technologien führen.

Die Klimapolitik: Ungenügend

Dort sind wir aber noch lange nicht. Auf der Website *climateactiontracker.org* kann man auf einen Blick erkennen, dass die Klimapolitik der größten Emittenten in den USA, Europa und Asien bei Weitem nicht reicht, um das Pariser Klimaziel zu erreichen. Ungenügend seien die Maßnahmen aktuell; statt einem Plus von 1,5 Grad werde man eher bei einem Plus von 3,2 Grad Celsius bis 2100 ankommen.[127] Jetzt, da ich das Buch im November 2019 fertig schreibe, steht der Climate Action Tracker bei diesen +3,2 Grad Celsius. Wenn Sie es im Laufe des Jahres 2020 in die Hand nehmen, wird sich daran noch nichts geändert haben. Dass Paris doch so deutlich verfehlt wird – außer es ändert sich noch etwas –, wird keinen Babyboomer, ja auch nicht einmal die meisten Mitglieder der Generation X direkt treffen. Doch die Kinder- und die Enkelgenerationen werden den Unterschied sehr wohl feststellen. Und geht es nach Klimaforschern, dann drängt die Zeit. Will man die Erderwärmung bei gerade einmal 1,5 Grad begrenzen, kann man nur noch rund 10 Jahre so viel CO_2 emittieren wie zuletzt. Das »CO_2 Budget« ist also schon so gut wie aufgebraucht.

Klimapolitik: noch nicht genug

Szenarien* für globale CO_2-Emissionen in Milliarden Tonnen und die daraus resultierenden Temperaturanstiege.

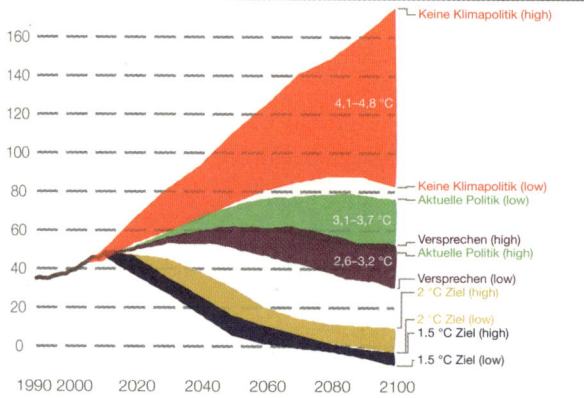

Quelle: Climate Action Tracker, OurWorldInData.org. Link: http://bit.ly/CO2Pfad
* Szenarien für keine Klimapolitik, die aktuell umgesetzten Maßnahmen, die nationalen Versprechen im Abkommen von Paris, und die Pfade, die zu einer maximalen Erwärmung von 1,5 bzw. 2 Grad Celsius bis 2100 im Vergleich zum vorindustriellen Zeitalter führen. *High* und *low* zeigen die Bandbreite der Prognosen für die jeweiligen Szenarien.

Warum aber haben sich die Babyboomer so schwergetan, Umwelt- und Klimapolitik zu betreiben? Ein Teil der Antwort ist uns schon im Pensionskapitel untergekommen: Es war politisch wesentlich bequemer, die Warnungen von Wissenschaftern eher aufzuschieben, denn ernst zu nehmen. Denn wer sich tatsächlich mit einem raschen Kohleausstieg beschäftigen möchte, muss im Übergang für Energiesicherheit einerseits und einen sozial verträglichen Strukturwandel andererseits sorgen. Da geht es dann um Regional- und Strukturpolitik, um Umschulungsmaßnahmen und um die Verlierer des Wandels im eigenen Land. Und das ist natürlich mit viel politischem Kapital verbunden, das man dabei aufs Spiel setzt, denn Parteien sind bei jeder Änderung mit gut organisierten Interessensgruppen konfrontiert, ob nun aus der Kohlebranche oder anderem schlagkräftig organisiertem Widerstand. Dagegen sind die möglichen Nutznießer guter Klimapolitik wesentlich weniger gut organisiert.

In Europa erlebte man 2018 eindrucksvoll, wie schnell Klimabemühungen wieder in der Schublade verschwinden können. Als die französische Regierung von Emmanuel Macron etwa das Autofahren teurer machen wollte, mobilisierte sich mit der Gelbwestenbewegung ein gewaltiger Protest, der die Regierung dazu veranlasste, die Steuererhöhung auf Diesel doch zurückzunehmen. Zwar sei es »klimapolitisch sinnvoll, Benzin und Diesel höher zu besteuern«, beteuerte etwa Jean Pisani-Ferry, ein französischer Ökonom mit einigem an Erfahrung in der Politikberatung, doch die Steuererhöhung wurde »von den Betroffenen als Gängelung empfunden, als mangelnder Respekt vor ihrer Art zu leben«.[128] Sozial unausgeglichen, schlecht kommuniziert sei das alles gewesen. Und wurde schnell wieder einkassiert.

Was zu tun ist

Es klingt also recht aussichtslos. Die Welt und Europa

121

dürften die Klimaziele verfehlen, und der französische Gelbwestenprotest macht Politikern selbst Angst vor kleinen Reformen. Was kann man also tun? Eine Möglichkeit hat jeder selbst: Wenn es etwa darum geht, CO_2-Emissionen durch eigenes Verhalten zu reduzieren. Der Journalist und Autor Andreas Sator schildert etwa in seinen Kolumnen und in seinem Buch *Alles gut?!*, wie es für den Einzelnen oder die Einzelne sein kann, einen kleinen Beitrag zum Klimaschutz zu leisten. Das reicht vom Verzicht auf Fleisch bis zu einer konsequenten Zug-statt-Bahn-Haltung, die zwar Zeit kostet, aber Emissionen spart.[129] Doch er schildert zugleich, wie schwierig es ist, die Klimaerwärmung nur mit individuellen Schrittchen und Appellen zur persönlichen Besserung zu bekämpfen. Dafür ist das Klimathema zu groß, zu global und zu langfristig.

Tatsächlich ist es relativ eindeutig, dass es eine CO_2-Bepreisung braucht – wenn man denn die Experten fragt. Diese würde einer Steuer gleich Emissionen mit einem Preis versehen und daher die Luftverschmutzung zu einer teuren Angelegenheit machen. Wie es der US-Ökonom und Träger des Wirtschaftsnobelpreises William Nordhaus bei einer Rede 2018 sagte: »Eine CO_2-Steuer erhöht den Preis für Treibhausgasemissionen, um ihre sozialen Kosten abzubilden. Sie sorgt für mächtige Anreize, um Emissionen zu vermeiden und neue emissionsarme Technologien zu entwickeln. Nach mehr als einem Jahrhundert ist die Wissenschaft eindeutig. Die Ökonomie ist eindeutig.«[130] Die Wissenschaft, so Nordhaus, habe gezeigt, dass es einen Preis für CO_2, im Zweifel auch eine Steuer, brauche. Die Politik müsse nun liefern, damit seine Generation den Klimawandel für ihre Kinder und Enkelkinder bremst. Solange sich nicht die gesamte Welt auf ein gemeinsames Handelssystem für Verschmutzungsrechte einigt, um den Ausstoß von Treibhausgasen effektiv zu begrenzen, bleiben regionale und nationale CO_2-Steuern wohl eine der zentralen Handlungsmöglichkeiten der Politik.

Politik wie im Katastrophenfilm
Ob das politisch tatsächlich geliefert wird, steht allerdings auf einem anderen Blatt. »Meine Generation hat vollständig versagt. Ihr werdet euch mit einer Welt ohne Atommüllendlager, mit Meeren voller Plastik und mehr CO_2 denn je herumschlagen müssen«, sagte Harald Lesch – er ist Professor für Astrophysik an der Ludwig-Maximilians-Universität in München, Jahrgang 1960 und moderiert die Wissenschaftssendung »Terra X Lesch & Co« – bei einer Veranstaltung 2018.[131] Und er bringt damit viele Langzeitfolgen des klimapolitischen Stillstandes auf den Punkt. Wenn man sich die aktuellen Klimapläne in Deutschland oder etwa Österreich ansieht, dann werden beide Länder die Ziele verfehlen, die sie sich auferlegt haben, um die Pariser Klimaziele zu erreichen. Die nationalen Energie- und Klimapläne lesen sich immer noch relativ ambitionslos und unverbindlich.

Und ganz so, als würde sie Kritikern wie Lesch oder Ökonomen wie Nordhaus beipflichten wollen, hat Annegret Kramp-Karrenbauer, die amtierende Vorsitzende der deutschen Kanzlerpartei CDU, im vergangenen Juni 2019 einen Gastbeitrag in der Wochenzeitung *Die Zeit* mit folgenden Sätzen begonnen:

»Unsere Erde gerät an ihre Grenzen. Klimawandel, Artensterben, die Plastikflut in unseren Weltmeeren, Luftverschmutzung, belastete Gewässer, gerodete Wälder und versiegelte Flächen sind Phänomene, von denen wir schon seit geraumer Zeit wissen. <u>Lange haben wir ihnen in der Entwicklung zugesehen,</u> jetzt müssen wir an vielen Stellen gleichzeitig erkennen, dass wir so nicht weiter leben und wirtschaften können.«[132] Sie schreibt in diesem Text auch von Generationengerechtigkeit als einem christdemokratischen Urgedanken und von den Vorzügen einer Kreislaufwirtschaft. Doch es ist der hier unterstrichene Satz vom »Zuschauen«, der junge Menschen wohl am meisten irritieren und bestätigen wird. Irritieren, weil »Zuschauen« nicht wirklich nach einer Aktivität klingt, wegen der man Politikerin wird. Und bestätigen; denn wenn die Vertreterin einer Regierungspartei, ihre Vorsitzende zumal, offenherzig darüber spricht, Entwicklungen einfach mal auszusitzen, wenn der politische Druck gerade nicht groß genug ist, dann bleibt ja geradezu nichts anderes übrig, als weiterhin die Schilder zu zücken. Und zu protestieren. Und ernsthaft zu bleiben.

Kapitel 8
Rushhour und Rezession
Die Formel für die junge Generation lautet: Mehr Stress und weniger Kinder

Die Zweige geben Kunde von der Wurzel.
Arabisches Sprichwort

Ich lüfte jetzt ein offenes Geheimnis. Es wird Sie überraschen, auch wenn es nur logisch ist. Aber die jungen Leute, die Demografen und Medien gerne Millennials nennen, sind älter, als man glauben könnte. Als 2019 Texte über den despektierlichen Ausspruch »OK Boomer« als »Schlachtruf genervter Kids« geschrieben wurden, musste man schon ins Grübeln kommen. Denn Tatsache ist, dass die Millennial-Definition je nach Auslegung bis ins Jahr 1981 reicht. Damit feiern die ersten Millennials bald ihren 40. Geburtstag. Ich möchte niemandem zu nahe treten, aber wirklich jung ist das auch nicht mehr. Und »Kids« sind das schon gar nicht.

Die älteren Millennials, die also wirklich nach dem Millennium erwachsen geworden sind, sind als erste Kohorten der Krisengeneration nämlich schon lange nicht nur mit der beruflichen Selbstfindung oder dem Studium beschäftigt. Sondern längst auch an den wirklich, wirklich großen Themen dran. Den Entscheidungen, die man nur ein, zwei Mal in einem durchschnittlichen Leben trifft, wie Eigentum schaffen oder eben die Familiengründung. Ich – besser gesagt meine kleine Familie –, wir sind in dieser Angelegenheit eher durchschnittlich. Meine Frau und ich waren 29, als unser Sohn auf die Welt kam. Frauen in Europa sind im Durchschnitt rund 29 Jahre alt, wenn sie ihr erstes Kind bekommen (29,6 Jahre in Deutschland, 29,3 Jahre in Österreich, 30,7 Jahre in der Schweiz).[133] Doch die Krise und die ökonomische Unsicherheit, die sie mit sich gebracht hat, und die Anforderungen an die eigene Ausbildung und den Wettbewerb auf der Karriereleiter, haben dazu beigetragen, dass die aktuell junge Generation das Kinderkriegen noch einmal länger hinausgezögert hat als ihre Vorgänger. 1980 brachte die durchschnittliche Dänin ihr erstes Kind noch mit knapp 25 Jahren auf die Welt, 2017 liegt der Durchschnitt schon fast fünf Jahre höher. Und die Geburtenraten sind in den vergangenen Jahrzehnten jedenfalls merklich gesunken – und haben sich kaum erholt.

Später, später, später

Demografen suchen ja schon lange nach der Formel, die erklärt, wie viele Kinder junge Familien bekommen. Liegt es an den gesellschaftlichen Normen, an der eigenen Familiengeschichte oder doch an den ökonomischen Erwägungen und der eigenen Karriereplanung? Und was erklärt die zuletzt noch einmal so stark gefallenen Geburtenraten, die in großen Teilen Europas deutlich unter der Zahl liegen, die nötig wäre, um die Bevölkerungszahl konstant zu halten?

Ein Erklärungsversuch ist strukturell. Denn immer längere Bildungswege und unsichere und schlechter bezahlte Berufseinstiege sorgen für eine regelrechte »Rushhour« für junge Menschen. Die deutschen Soziologen Hans Bertram, emeritierter Soziologieprofessor der Berliner Humboldt-Universität, und Carolin Deuflhard, Spezialistin auf dem Gebiet der Mikrosoziologie, nannten das in einem Buch einmal die »überforderte Generation«.[134] Sie zeigten darin unter anderem auf, wie der Stress von Ausbildung, Berufseinstieg und möglichem -aufstieg und Familiengründung unter einen Hut geht – oder eben nicht.

Frauen bekommen weniger Kinder
Die Gesamtfertilitätsraten in Europa sind gefallen.

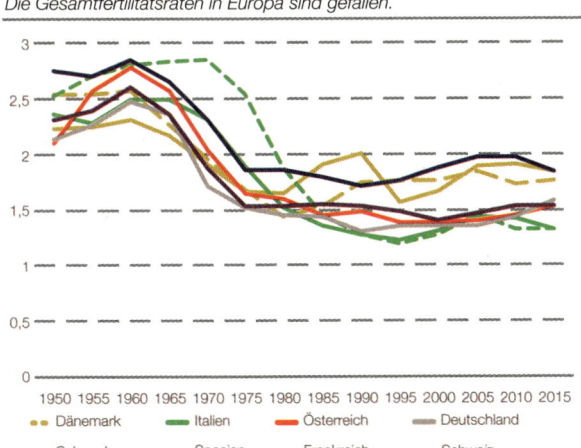

Quelle: United Nations, Population Division (2019). World Population Prospects 2019.
Die TFR (Total Fertility Rate) gibt die Kinder je Frau an, die sie durchschnittlich im Laufe des Lebens hätte, wenn die im betreffenden Kalenderjahr herrschenden altersspezifischen Fertilitätsverhältnisse in der Zukunft konstant blieben.

In die »Rushhour des Lebens«, wenn also die Ausbildung abgeschlossen, die Karriere aufgebaut und die

Familie gegründet wird, mischte sich in vielen europäischen Ländern aber nach 2008 auch noch Krise,
das heißt hohe Arbeitslosigkeit und eine schwache
wirtschaftliche Dynamik. Das sind nicht wirklich gute
Vorzeichen für die Familiengründung.

Wirtschaftlicher Albtraum statt Kindertraum

Aktuelle Forschungen von Demografen legen nahe,
dass die große Krise in Europa nicht nur auf den Lebensläufen und in den Erwerbsbiografien ihre Narben
hinterlassen hat, sondern auch die Familiengeschichten
vieler junger Menschen verändert hat. Für 258 Regionen und 28 Länder in Europa haben sich Forscher
die Auswirkungen von Arbeitslosigkeit und geringem
Wachstum auf die Geburtenraten angesehen. Ihr Ergebnis: Die große Wirtschaftskrise in Europa nach
2008 hat einen erheblichen negativen Einfluss auf die
Fertilität gehabt. Insbesondere die höhere Arbeitslosigkeit oder unfreiwillige Selbstständigkeit in Zeiten wirtschaftlicher Unsicherheit haben zu niedrigeren Geburtenraten geführt. Das ist nicht nur in Ländern
Südeuropas zu beobachten gewesen, in denen die
Arbeitslosenraten junger Menschen regelrecht explodiert sind, sondern auch im deutschsprachigen Raum
und in Zentraleuropa.[135]

Eines ist jedenfalls klar: Wer die eigene wirtschaftliche Lage als unsicher einschätzt, schraubt die eigenen
Vorstellungen vom »optimalen« Familienplan zurück.
Männer sind dabei offenbar noch sensibler und zu-
rückhaltender bezüglich der Frage, ob sie in einem
schlechten wirtschaftlichen Umfeld Familien gründen
wollen, als Frauen.[136] So oder so, Paare in Europa haben

ganz offensichtlich ihre Kinderträume angesichts des volkswirtschaftlichen Albtraums, der sich da abgespielt hat, noch einmal gut überlegt. Eine Bekannte, die bis zu ihrem 34. Geburtstag dreimal Branche und siebenmal Job gewechselt hatte, meinte einmal: »Wann hätte ich denn dabei an Kinderkriegen denken sollen? Ich weiß ja selbst noch nicht, was mit mir in drei Jahren ist.«

Und es ist alles andere als überraschend, dass die Entscheidung Kinder zu bekommen, auch vom Geld abhängig ist. Kinder kosten schließlich welches. Und zwar nicht zu knapp. Das fängt bei Plätzen für die Kinderbetreuung an, und geht von Windeln und Hygieneartikeln bis zur Ernährung der Kleinen. (Private) Kindergärten, Tagesmütter oder andere Aktivitäten mit den Kleinen verschlingen bei zwei Kindern schnell Hunderte Euro. Das ist für die Entscheidung, wie man die eigene Karriere mit dem eigenen Kinderwunsch unter einen Hut bekommt, eine kritische Variable. Nicht umsonst sind Familien mit Kindern in unseren Breiten häufiger von Armut bedroht.

Die immer intensivere Rushhour

Das Problem ist aber: Auch in der »Rushhour« des Lebens, in der viele Millennials gerade stecken, lässt sich das Thema Familiengründung nicht ewig auf später verschieben. Egal wie schlecht es gerade auf dem Arbeitsmarkt läuft oder wie lange das PhD-Studium nach dem abgeschlossenen Master auch dauern mag: Auf natürlichem Wege ist irgendwann Schluss, und die Geburten werden riskanter. Der Anteil der Geburten von Müttern, die über 40 sind, liegt in Österreich aber mittlerweile bei 4,2 Prozent, in Deutschland bei 5,4 Prozent. Rund zwei Drittel der Mütter sind zwischen 27 und 35 Jahren, was aktuell die Jahrgänge 1985 bis 1993 sind.[137]

Für die Millennials und auch ihre Nachfolger ist also absehbar, dass der Trend zur späteren Mutter- und Vaterschaft anhalten wird, verstärkt durch die Folgen der Wirtschaftskrise 2008. Wenn die Ausbildung immer länger dauert, der Berufseinstieg nicht mehr ganz so reibungslos verläuft, dann fallen auch ganz logisch beruflicher Aufstieg und Familienplanung zeitlich eng zusammen. Das wird auch noch viele Gespräche zwischen angehenden Müttern und Vätern über Karrieren und Karenzen nach sich ziehen. Die Möglichkeiten der Reproduktionsmedizin könnten die aufschiebende Wirkung einer Krise noch verstärken, aber auch dafür sorgen, dass noch mehr Zeit bleibt als früher.

Wenn Kinder, dann mehr Zeit

Kein Wunder also, dass bei der Krisengeneration auch der eigene Karriereplan oft in engem Zusammenhang mit dem Familienplan entworfen wird. Doch gerade solche Pläne werden mittlerweile mit viel Liebe zum Detail geschmiedet. Bis ins Kleinste werden Geburt und Erziehung »optimal« durchgeplant, für Zufälle gibt es keinen Raum. Wie durchgeplant das Leben der eigenen Kinder schon ist, lässt sich auch an der Tatsache ablesen, wie früh von Müttern und Vätern bereits Kindergartenplätze und Schulkarrieren »eingetütet« werden, damit man dem Spross die bestmögliche frühkindliche Bildung angedeihen lassen kann. Meine Frau

staunte nicht schlecht, wenn sie sich bei Informations-
besuchen in Kindergärten, als mein Sohn knapp ein
halbes Jahr alt war, mit schwangeren Frauen die Klinke
in die Hand gab. Eine Kindergartenbetreiberin sagte
einmal, dass es mittlerweile einen »Voranmeldungs-
fetisch« gebe: Mütter und Väter, die ihre Kinder sehr,
sehr früh in unterschiedlichen Kindergärten und womöglich gar zu unterschiedlichen Einstiegszeitpunkten
anmeldeten, um »auf der sicheren Seite zu sein«. Was
da um sich greift, ist der Versuch, wann immer möglich
einen »Startvorteil« für das eigene Kind herauszu-
arbeiten. Das trifft in dem von der Ein-Kind-Politik
geprägten Peking offenbar genauso zu wie im ver-
gleichsweise ruhigen Penzing in Wien. Die berühmten
»Helikoptereltern«, die einem Helikopter gleich ständig
über ihren Kindern schwirren, oder die Bagger-Eltern,
die ihren Kindern alle Hindernisse aus dem Weg räumen, kommen dabei zum Vorschein.

Tatsächlich ändert sich wohl mit dieser mit Pla-
nung und Gewissheit beschäftigten Elterngeneration
noch weiter das Verhältnis zwischen den Generationen.
Schließlich haben Millennials als Eltern das wichtige
Ziel, von ihren Kindern als Freunde wahrgenommen
zu werden und nicht unbedingt als Respektspersonen,
und streben zugleich die allerbesten Voraussetzungen
für ihre Kinder an. Eltern, auch Väter, verbringen heute
mehr private Zeit mit ihren Kindern, als das noch vor
einigen Jahrzehnten der Fall war.[138] Es passt irgend-
wie zur »Rushhour« dazu, dass auch die Elternschaft
intensiver ist. Und es straft all diejenigen Lügen, die
einer ganzen Generation vorwerfen wollen, dass sie
nur am Smartphone rumhängt und sich nicht mehr

mit den eigenen Kindern beschäftigt. Auch wenn hier natürlich der Satz stimmen mag: Die Ausnahmen bestätigen die Regel.

Das Ende der Babys?

In den USA liest man bereits Texte wie »The End of Babies«, weil mittlerweile selbst in den so fruchtbaren Vereinigten Staaten von Amerika die Geburtenrate nach der Finanzkrise kräftig gesunken ist. Die Gründe der neuen Kinderlosigkeit sind mannigfaltig. Und es zeigt sich, dass es einige gute Gründe gibt, weniger oder später Kinder zu bekommen, und einige weniger gute. Schlecht ist es, wenn die ökonomische Unsicherheit da eine treibende Kraft ist. In den USA ist auch noch das Phänomen der hohen Last an Studienkrediten sicher nicht förderlich für die Zukunftspläne junger Menschen. *Workism* wird ebenso ins Feld geführt, also der stetig wachsende Anspruch gerade an gut Ausgebildete, vom Job ausgefüllt zu sein. In den USA kommen im Vergleich zu Deutschland oder Österreich noch sehr hohe Kosten für Entbindung und keine Karenzmodelle dazu. Positiv wäre es jedenfalls, wenn junge, selbstständige Frauen und Männer angesichts des großen Wohlstandes und der vielen Jobperspektiven auf die Idee kommen könnten, lieber kinderlos zu bleiben und stattdessen die Welt zu erkunden und zu genießen. Auch die abnehmende Religiosität mag ein Grund sein, der im deutschsprachigen Raum ähnlich zutrifft, und die damit verbundenen weniger traditionellen Rollen- und Familienbilder.

Doch wenn sich wirklich der Gedanke aus der Einleitung zu diesem Buch festsetzen sollte, dass »es unsere Kinder einmal schlechter haben werden als wir«, werden wir dann noch Kinder haben? Die Entscheidung, ein Kind zu bekommen, ist komplex. Nicht immer hat es etwas mit dem eigenen Karriereweg zu tun, sondern kann auch mit den in der eigenen Familie vorgelebten Familienbildern zusammenhängen, ja sogar mit der eigenen Geschwisterzahl, mit Religion, der Gesellschaft, dem eigenen Umfeld. Und natürlich auch mit dem evolutionären Faktum, Nachkommen in die Welt setzen zu wollen. Aber eines ist klar: Die wirtschaftliche Unsicherheit im Nacken ist keine Hilfe. Oder die Arbeitsmarktlage. Oder wenn neue Jobs prekär sind.

Es ist offensichtlich, dass die zuletzt so stark gesunkenen Geburtenraten positiv sein können, etwa aus der Perspektive des Klimaschutzes. Doch sie bedrohen die Wohlfahrtstaaten und sind auch politisch gefährlich.[139] Und wenn die Erfüllung des eigenen Kinderwunsches vor allem aus dem Gefühl der Überforderung und Unsicherheit heraus aufgeschoben wird, ist das sowieso so etwas wie der demografische GAU.

Kapitel 9

Fazit

Wie wir wieder was zu feiern haben

Probleme kann man niemals mit derselben
Denkweise lösen, durch die sie entstanden sind.
Albert Einstein

An dieser Stelle will man als Autor meistens einen positiven Ausblick geben. Aufzeigen, »wohin die Reise geht«. Und im Fall dieses Buches: Wie sich die Party-bedingungen der Vergangenheit, vom generationellen Aufstieg und Zukunftsoptimismus, wiederherstellen lassen, ohne die Fehler der Vergangenheit zu wieder-holen, als man auf Pump und mit zu wenig Rücksicht auf die Zukunft Geld und Ressourcen verschwendete.

Und tatsächlich wäre es fatal, der Zukunft mit Angst zu begegnen. Die Welt hält heute so viele An-nehmlichkeiten und Erfolge bereit, die für die Jugend-lichen des Babybooms im vorigen Jahrhundert un-möglich schienen. Die meisten jungen Menschen heute tragen mit ihrem Smartphone mit viel Komfort unzählige Möglichkeiten zur Zerstreuung und Unter-haltung mit sich herum. Und dabei hätten sie diese oft weniger nötig: Die Sorge um einen Krieg im Kon-flikt zwischen dem Kommunismus und den Demo-kratien fiel mit der Mauer 1989. In Europa mag die Europäische Union als Wirtschaftsraum zwar unter Druck stehen, aber sie ist dennoch ein erfolgreiches

Friedensprojekt. Die vergangenen 40 Jahre haben einen nie geahnten Wohlstand auf der Welt hervorgebracht und Hunderte Millionen Menschen aus der Armut geholt. Und der zusammengewachsene europäische Kontinent ermöglicht, die Jugend in Deutschland zu verbringen, das Studium in Großbritannien und den ersten Job in Frankreich anzutreten – oder jeden anderen Weg einzuschlagen.

So sehr die globale Lage besser ist als ihr Ruf, so evident sind zugleich die Probleme in den vorangegangenen Kapiteln – und so drückend sind sie für diejenigen, die von ihnen betroffen sind und die sie künftig einmal lösen müssen. Die unter 35-Jährigen haben in vielen Fällen kaum Vermögen und weniger sichere Erwerbsbiografien, um eben jenes aufzubauen – da sind Netflix oder die effizienten asiatisch-europäischen Wertschöpfungsketten, die uns günstige Konsumartikel bescheren, oft nur ein schwacher Trost.

Lieber nix tun

Und es ist nicht so, dass dafür nicht so manche Lösung bekannt wäre. Dass sich manche Missstände – von hoher Jugendarbeitslosigkeit und steilen Lohnkurven über die Bildungstragödie gerade für Zugewanderte und junge Menschen mit Migrationshintergrund bis zu stark gestiegenen Wohnkosten – so hartnäckig halten, hat auch etwas damit zu tun, dass sie mehrheitsfähig sind. Es ist mehrheitsfähig, also eher nichts weiter tun. Nicht zuletzt wegen der Generation, die das Sagen hat. Und das ist langfristig eine Gefahr. Gerontokratie ist eine Fortschrittsbremse, und das setzt die Zukunft aufs Spiel.[140]

Es reicht aber nicht, das mit dem lapidaren Ausspruch »OK Boomer« zu quittieren, der mittlerweile in aller Munde ist. Mit dieser neuen Version von »Opa erzählt vom Krieg« wird auf den sozialen Medien um sich geworfen, um maximale Respektlosigkeit gegenüber den Babyboomern auszudrücken. Und damit entlädt sich einiges an Ärger auf eine Ungerechtigkeit: Die Boomer sind die soziale Leiter hochgeklettert, haben die Leiter hochgezogen und rufen nun vom Dach herunter, warum man sich denn nicht mehr anstrenge. Dabei ist aus den vorangegangenen Kapiteln nun klar, welche Zutaten es braucht, um bald wieder eine eigene Party zu schmeißen und sich nicht nur auf die Fehler der Boomer rauszureden:

- Mehr Fokus auf Produktivität, weniger auf Seniorität im Arbeitsleben
- Lautere Interessensvertretung der Jungen angesichts ihrer politischen Schrumpfung
- Zukunftsinvestitionen in (frühkindliche) Bildung statt politische Wahlgeschenke für Pensionisten
- Migration aktiv gestalten, Talente anlocken und Schulen ausstatten
- Mehr Wohnraum schaffen statt bestehenden regulieren
- Mehr gründen und kreativ zerstören, weniger jammern

Eine Koalition der Zukunftslobbyisten

Ein Problem ist und bleibt, dass in vielen Debatten die Zukunftslobbyisten fehlen – diejenigen also, die sich vor allem um die Interessen derjenigen unter 40 kümmern. Doch diese stellen schon länger nicht mehr eine relevante politische Mehrheit in Ländern des deutschsprachigen Raums. Von den 100 Millionen Bürgern dieser Länder sind rund 31 Millionen unter 30, wahlberechtigt davon sind aber weniger als die Hälfte. Ein Problem ist es deshalb, weil viele (biologisch und geistig) Ältere sehr wohl sehr gut organisiert sind. In Parteien und in Verbänden. Da könnte man aus den vergangenen Jahren in Europa viele Beispiele nennen. Etwa die deutsche Debatte um eine »Respektrente« zulasten der Jüngeren, obwohl die Babyboomer-Generation wahrlich auf einen guten Lauf zurückblicken kann.[141] Oder die parlamentarischen Beschlüsse vor der Neuwahl in Österreich, als im September 2019 quasi auf den letzten Drücker noch Milliarden an diejenigen Pensionisten verteilt wurden, die ohnehin zu den Bestverdienenden im Alter gehören.[142] Dass Männer mit 45 Beitragsjahren, aber ohne das Erreichen des Pensionsantrittsalters, künftig wieder ohne Abschläge in Pension gehen dürfen, ist ein Pensionspräsent, das gerade Gutverdienern noch ein paar Tausend Euro bringt. Auf so viel können sich die meisten nicht einmal bei Steuerreformen freuen, die von Politikern als »die größten aller Zeiten« verkauft werden.[143] Oder wenn in Italien auch im Jahr 2020 noch immer die dualen Arbeitsmärkte unterhalten werden, auf denen sich »Insider« – zumeist älteren Semesters – und »Outsider« – die Jüngeren – tummeln.

Nun werden vielleicht einige einwenden, dass doch niemand »Zukunftslobbyisten« brauche, weil in den Parteiapparaten ja sowieso Interessensausgleich stattfindet und junge Menschen in den (sozialen) Medien ihre Interessen ja lautstark vertreten können. Aber das reicht offensichtlich nicht, und es gibt auch eine politische Alternative: »Biologisch Junge und geistig Junggebliebene«[144] müssten koalieren, hat es WELT-Chefredakteur Ulf Poschardt einmal genannt. Welche Akzente eine derartige Koalition der Zukunftswilligen setzen möchte, lässt sich aus den vorangegangenen Kapiteln ableiten: Mehr Wohnraum in den Städten, mehr Mittel für Zukunftsinvestitionen, weniger Hürden für den Vermögensaufbau, mehr qualifizierte Zuwanderung. Nur zu jammern, dass man zwar gerne wie die Babyboomer wäre, aber leider keinen Boom gehabt hat, reicht da nicht.[145]

Es gilt, gesellschaftlich nicht müde zu werden darauf hinzuweisen, dass die Politik oft radikal rückwärtsgewandt agiert. Immer mehr Geld wird für öffentliche Alterssicherung ausgegeben, weniger bleibt für Schulen oder Investitionen. Dort, wo die Mittel das größte Potenzial entfalten können, in der frühkindlichen Förderung, in Kindergärten und Kitas, in Schulen und bei Lehrstellen, in der Forschung und an Universitäten, kommen sie immer seltener an. Damit macht man zwar Europa als altem Kontinent alle Ehre, aber gute Politik ist das nicht.

Die wenigen jungen Spitzenpolitiker trauen sich hier so gut wie nie, junge Kante zu zeigen. Zu sehr sind sie selbst von Parteiapparaten abhängig, die besonders gute Unterstützer, Beklatscher und Bestätiger nach oben hieven. Und der Einsatz für eine zunehmende Minderheit junger Menschen ist auch mühsam. Bei der leisesten Kritik am Pensionssystem bekommt man auch in Österreich so manches, was heutzutage als »Hatemail« bezeichnet wird.

Aufstand der Jungen?

Braucht es also den viel zitierten »Aufstand der Jungen«[146]? Lange Zeit hätten sich Politiker über so eine Drohung nur amüsiert. Während man beim Anruf der Seniorenvertreter noch angstvoll zusammenzuckt, gibt es ja keine nennenswerte Jugendmacht. Zu verschieden sind die Interessen. Und ein Streik der Jungen, so mächtig dieses Instrument in der Theorie auch wäre, weil sie ja schließlich mit ihren Rentenbeiträgen genauso das System sichern und mit ihrer relativ gesehen günstigen Arbeitskraft viele Werke am Laufen halten, ist alles andere als in Sicht. In der Breite haben die heute 20- bis 30-Jährigen ja eher pragmatisch auf die Auswirkungen der vergangenen Finanzkrise reagiert: Wo es nur geht das Schicksal in die eigene Hand nehmen, sich noch besser ausbilden, noch einen weiteren Job ausprobieren, kurzum: dranbleiben. Da blieb dann natürlich wenig Zeit für anderes.

Die Tatsache, dass in den rasant alternden Gesellschaften Europas Kinder immer wichtiger werden, spricht nach Ansicht einiger, insbesondere Ökonomen dafür, eine radikale politische Idee auszuprobieren. Eltern sollten für ihre noch nicht wahlberechtigten Kinder zusätzliche Wählerstimmen erhalten, um der Politik nicht nur gut zuzureden, sondern stärker mitreden zu können. Andere fordern wiederum, das Wahlalter noch weiter abzusenken. Doch das alles wird nicht reichen. Denn anders als in den USA sind die Millennials in Deutschland oder Österreich eben chronisch in der Unterzahl. Die Stimmen für die Kinder sollten ja ändern, was Wolfgang Gründinger in seinem Buch über die Alte-Säcke-Politik einmal auf die Formel brachte: »Beamte und Banken sind systemrelevant, Bildung und Kinder sind es nicht.«[147]

Umso bemerkenswerter ist es jetzt, dass mit dem Klimathema eine junge Protestkultur entstanden ist. Das Problem an ihr ist – so wichtig ihr Anliegen für den Klimaschutz auch ist –, dass sie bei anderen Forderungen völlig auf dem falschen Dampfer ist. Diejenigen, die pauschal gegen Märkte, »die Wirtschaft« und Privateigentum wettern, vergessen, dass sie genau diese Werkzeuge brauchen, um auch ihre persönlichen Ziele zu erreichen. Dass es mehr Maßnahmen gegen die Emissionen schädlicher Treibhausgase braucht, ist klar. Dafür braucht es einen Preis oder eine Steuer, für die schädlichen Stoffe, die da in die Luft geblasen werden, und eine Politik mit Rückgrat, die sich dagegen wehrt, dass dieser Preis zu niedrig ist. Dass man wegen des Klimawandels aber angestaubte Planwirtschaftsspiele auspacken muss, ist eine Themenverfehlung.

Gegen NIMBY
Doch nicht nur im Politischen müssen sich die Jungen Gehör verschaffen, bei ihren Karrieren müssen sie sich Gehalt verschaffen. In Österreich und Deutschland ist es immer noch üblich, dass das Erwerbsleben von ziemlich viel Jugenddiskriminierung durchzogen ist. Kollektivverträge und Gesetze sehen mit höherem Alter mehr Urlaub, mehr Kündigungsschutz, mehr Absicherung, mehr Gehalt vor. So sinnvoll ein paar dieser Altersprivilegien auch sein mögen, sie tragen gerade dann zu einem Ungleichgewicht zwischen den Generationen bei, wenn es gesamtwirtschaftlich gerade nicht mehr so richtig fein läuft und es auch noch

Strukturanpassungen gibt. Nicht zuletzt in den traditionell gut bezahlten Dienstleistungsberufen ist das zu sehen, die Medien- und Bankenbranchen können davon ein Lied singen. Da sitzen junge und erfahrene Menschen mit völlig unterschiedlichen wirtschaftlichen Realitäten in einem Großraumbüro und haben doch dasselbe Verantwortungsniveau. Man erkennt die Gutverdiener dann an einer einzigen Kennzahl: Dem Jahrgang.

Und so setzt sich gerade der Trend in den Industrieländern fort, dass die Kinder eines Tages weniger oder maximal gleich viel verdienen werden wie ihre Eltern und nicht etwa mehr.[148] Wenn sogar in den USA vom »Verblassen des amerikanischen Traums«, des Aufstiegs durch die eigene harte Arbeit, die Rede ist, ist die Mobilität im traditionell weniger dynamischen Europa gleich doppelt gefährdet.[149] Wohin der Druck der Zukunftslobbyisten führen muss, ist klar: Weniger Ungerechtigkeit zwischen den Generationen *aufgrund* des Alters. Das lässt sich etwa mit einer Abkehr von der steilen Seniorität bei der Entlohnung schaffen.

Es braucht aber auch endlich eine Bildungspolitik, die ihrem Namen auch Ehre macht. Denn ein System, das in zweierlei Hinsicht versagt, ist doppelt gefährlich für den Wohlstand eines reichen Landes: Einerseits bringen die Schulsysteme in Österreich und Deutschland (zu) viele Jugendliche hervor, die im 21. Jahrhundert zentrale Kompetenzen wie Lesen, Schreiben und Rechnen nur unzureichend beherrschen. Gleichzeitig studieren staatlich gefördert Heerscharen an Studenten Fächer, die wenig nachgefragt werden, während in anderen Bereichen, von Lehrberufen bis zu IT,

Fachkräftemangel herrscht. Da wird auf Konferenzen und in Sonntagsreden das Wort von der Wissensgesellschaft geführt, aber wenn gerade im frühst- und frühkindlichen Bildungsbereich die Mittel und Pädagogen fehlen, will man wenig davon wissen, oder die Mittel versickern im real existierenden Föderalismus. Zudem stammt der Lehrplan eher aus dem 20. denn aus dem 21. Jahrhundert, weil es darin selten um Programmieren und Kreativität geht, sondern viel um das Auswendiglernen von Jahreszahlen.

Wohnungskrise und falsche Medizin

Die Politik muss sich zudem mit ernsthafter Medizin und nicht mit Heilpraktiken der Wohnungskrise widmen. Wenn seit mehr als einem Jahrzehnt in deutschen und österreichischen Großstädten zu wenig gebaut wird, wird das durch einen Mietendeckel noch um keine Wohnung besser. Hier gibt es ein weiteres Beispiel für die gefährlichen Planwirtschaftsspielchen aktueller Protestbewegungen: Die Verstaatlichung eines privaten Wohnungsunternehmens in Berlin wird zwar regelmäßig von linker Seite lautstark gefordert, sorgt aber noch für keine einzige zusätzliche Wohnung. Das würde hingegen eine Politik tun, die Bauland widmet und die Verfahren beschleunigt. In diesem Fall ist aber auch von etablierten Generationen Protest gegen die Maßnahmen zu erwarten: Wird zu viel gebaut, gibt es Beschwerden über Bausünden und -lärm, über Gentrifizierung, womöglich fallende Preise und, und, und. »Not in my backyard« (NIMBY) ist zuallererst eine strukturkonservative Haltung gegen die Veränderung.

Steigenden Mieten und Wohnungsnot mit einem Mietendeckel, einer »Mietpreisbremse« – oder wie auch immer der Eingriff dann auch heißen mag – zu begegnen, ist aber, wie mit Homöopathie gegen eine schwere Virusinfektion ankommen zu wollen. Wer Wohnen in den begehrten Ballungsräumen leistbar machen möchte, kommt nicht umhin, sich mit komplexen politischen Fragen zu beschäftigen: Wie kann mehr gebaut werden – und vielleicht auch noch günstiger oder kleiner? Wenn sich künftig die Arbeitsplätze wirklich noch stärker in urbanen Räumen konzentrieren sollten, wie lässt sich effizient und ökologischer pendeln? Welche Hürden können aus dem Weg für Erstkäufer von Immobilien geräumt werden, die Eigentum schaffen wollen, aber angesichts der hohen Kosten und Steuerbelastung daran scheitern? Der Mietendeckel ist auf kaum eine relevante Frage eine Antwort, aber eine gute Ausrede, bei den komplexen Dingen erst einmal nichts zu tun. Dabei wäre es nötig, gerade mehr zu bauen oder jungen Familien steuerlich beim Erwerb der eigenen Immobilien unter die Arme zu greifen – und etwa die Grunderwerbssteuer für Erstkäufer abzuschaffen.

Natürlich kann man auch hier die Privilegien von Altmietern und -eigentümern hinterfragen. Ist etwa der in Wien im geförderten, reglementierten und sozialen Wohnungsbau viel zitierte »Mietadel« wirklich schützenswert? Oder sollten diese Wohnungen nicht gerade auch jungen Familien zur Verfügung stehen?

Mobil sein
Aber die Gesellschaft kann selbst nur einen Teil der

Rahmenbedingungen verbessern. Am Ende müssen sich die Millennials auch selbst die nächste Party organisieren. Bevor man etwa in einem alten Unternehmen sein Ausgedinge findet, in dem Bezahlung und Boni eher am Alter denn an der Leistung hängen, könnte man lieber die Kartons packen und selbst etwas gründen. Immerhin weiß man dann schon ein bisschen besser, wie die Dinge denn nicht laufen sollten.

Und darüber hinaus: Mobilität zahlt sich in jedem Fall aus. In Europa ist grenzüberschreitendes Arbeiten so leicht wie nie zuvor, Aufträge in Paris, Berlin oder Stockholm an Land zu ziehen, aber in Wien, Linz oder München zu leben, ist längst ohne größere Probleme möglich. An den Universitäten ist es wohl ziemlich alternativlos, von den unattraktiv prekären Kettenverträgen für wissenschaftliches Personal wegzukommen. Wer den Wissenschaftsstandort Europa ernst nimmt, kann nicht das Prinzip Selbstausbeutung für die innovativen Berufe unterstützen. Doch wenn die Universitäten nicht von diesen Verträgen wegkommen, müssen wohl die Wissenschafter weggehen. Und gerade der Fachkräftemangel in unseren Breiten müsste auch dafür sorgen, die Mobilität und Immigration deutlich besser zu gestalten, damit junge, gut ausgebildete Menschen wieder Europa als globale Traumdestination sehen.

Gründen statt Schreien

In meinem Bekanntenkreis war die Gründung eines Unternehmens nicht selten auch mit dem Anspruch verbunden, etwas besser zu machen und die bestehenden, alten Player ordentlich zu erschüttern. Wenn etwa die Wiener Gründer der Online-Bank N26 mit der Parole »Banking, aber ohne Bullshit« an den Start gehen, ist das genau die richtige Haltung.[150] Vielleicht liefert gerade eine romantischere Sicht auf die Selbstständigkeit den Ausweg aus der Tristesse der Arbeitnehmerschaft seit 2008, die so viele junge Menschen umtreibt.

Und als Entrepreneur befindet man sich zudem an vorderster Front bezüglich der Digitalisierung. Dass sich dadurch viele Jobs, Karrieren und Erwerbsbiografien verändern werden, ist völlig klar. Ein Beispiel: Wer an »Börse« und »Börsenhandel« denkt, ist von Bildern der Vergangenheit geprägt. Fotos von verzweifelt dreinschauenden Wertpapierhändlern an der Börse in Frankfurt. Oder wildes Gestikulieren an der Optionsbörse in Chicago. Oder eine ältere chinesische Dame, die in Peking vor einer rot aufleuchtenden Kurstafel abgebildet ist und sich freuen kann, weil rot dort die Farbe der steigenden Kurse ist.

Diese Bilder, und viele andere Bilder von Arbeitsweisen und Berufen, sind längst ein Zerrbild der Realität. In *Why aren't they shouting* schildert der Banker Kevin Rodgers eindrucksvoll die massive technische Transformation, die sich gerade im vergangenen Jahrzehnt an den Finanzmärkten abgespielt hat. Wild gestikulierende, über große Handelsräume rufende Händler sind längst die absolute Ausnahme und nicht die Regel. »Computer haben, bis auf wirkliche Notfälle, es unnötig gemacht überhaupt laut zu rufen. (…) Jahre zuvor, als ich meine Karriere gestartet habe, wurde jede Bewegung an den Märkten, jede Veröffentlichung volkswirtschaftlicher Daten, jede unerwartete

Nachricht von ohrenbetäubendem Lärm begleitet.«[151] Aber heute? Handelssysteme reagieren vollautomatisch auf Neuigkeiten und diskutiert wird darüber in Chatrooms. Stille.

Die Digitalisierung macht nicht nur Handelsräume in großen Banken plötzlich stiller. Geht es nach dem Ökonomen Carl Benedikt Frey, dann werden sich auch Jobprofile und Erwerbskarrieren allgemein ganz drastisch verändern. Frey hat sich zusammen mit seinem Kollegen Michael Osborne 702 Berufe angesehen und untersucht, wie wahrscheinlich es ist, dass sie in 20 Jahren durch technische Lösungen ersetzt werden können.[152] Medien reduzieren seine Arbeit gerne auf eine angsteinflößende Frage: Haben wir künftig gegen die Computer eine Chance? In Wahrheit zeigt Frey schlicht, was technologisch künftig möglich ist. Für junge Menschen sind die Erkenntnisse dieses Papieres nicht unwesentlich. Es ist schlimm genug, in einer Rezession auf den Arbeitsmarkt zu kommen. Aber noch wesentlich ärgerlicher wäre es, Knowhow aufzubauen und Zeit zu verwenden für die Erlernung eines Berufes, den es womöglich auf absehbare Zeit nicht mehr geben wird.

Die Disruption als Freund der Jugend
Einige meiner Bekannten und Freunde haben in den vergangenen Jahren begonnen, die Sache mit dem digitalen Wandel in die eigene Hand zu nehmen. Sie haben Start-ups gegründet, um die Branchen, in denen sie sich ihre Sporen verdient haben, zu »disrupten«, wie man es wohl auch neudeutsch sagen würde. In der Disruption steckt das Umkrempeln. Es kommt schon sehr nahe an die Idee des österreichischen Ökonomen

Joseph Alois Schumpeter, der vor 100 Jahren zum Unternehmertum und dem Wesen des Kapitalismus forschte und das Konzept der »schöpferischen Zerstörung« entwickelte. Für Schumpeter spielten die Pionierunternehmer eine entscheidende Rolle für die wirtschaftliche Entwicklung, weil sie es sind, die die althergebrachte Art und Weise, die Dinge zu tun, zerstören. Und damit natürlich die Grundlage dafür liefern, dass es eines Tages besser und effizienter gemacht wird.

In der Digitalisierung werden die Karten neu gemischt und der kleine David kann den Goliath ziemlich ärgern. Was an Gründungsdynamik möglich ist, zeigen die vielen Software-Startups im nordischen Raum. Schließlich sind es oft relativ kleine Unternehmen ohne eine nennenswerte Belegschaft, die großen Konzernen das Leben schwer machen. Dass Google etwa heute zu den größten Medienunternehmen der Welt gehört, ohne selbst nennenswerte Medieninhalte zu produzieren, ist auch im Jahr 2020 noch für viele Chefs von Fernsehsendern oder Zeitungsverlagen schwer zu schlucken.

Nach dem Kater

Europa wird noch lange davon gezeichnet sein, wie außergewöhnlich schmerzhaft die vergangenen zehn Jahre für Millennials waren, mit unterschiedlichen Ausprägungen – von Südeuropa mit seiner enorm hohen Jugendarbeitslosigkeit bis zu den weniger tiefen Narben in Österreich oder Deutschland. Doch es gilt, als alter Kontinent nicht in eine Falle[153] zu tappen, indem der Zukunftspessimismus zu einem um sich greifenden Phänomen wird, das alle persönlichen

Entscheidungen, von der eigenen Bildungskarriere über die vermeintlich supersichere Jobwahl bis zur Familiengründung, erfasst. Denn unsere Kinder sollen es schließlich eines Tages wieder besser haben als wir.

Danksagung

Für Christine und Ferdinand.

Der Erfolg hat viele Mütter und Väter, sollte sich ein Fehler eingeschlichen haben, nehme ich den auf meine Kappe.

Danke an meine Frau Christine, die nicht nur gelesen hat, sondern auch in jeder anderen Hinsicht die wichtigste Stütze ist. Danke an alle, die dieses Buch unterstützt, inspiriert und ermöglicht haben, ob sie Familie, Kollegen oder Freunde sind. Danke Bettina, dass du von Beginn an so an das Buch geglaubt hast.

Lukas Schretzmayer-Sustala
Wien, am 10.12.2019

Anmerkungen

Einleitung

1   Rahman und Tomlinson (2018): »Cross countries: internationalcomparisons of intergenerational trends«. In: *LIS Working PaperSeries* 732, 2018. Auf: http://www.lisdatacenter.org/wps/liswps/732.pdf.

2   Das Projekt OurWorldInData der Oxford University veröffentlicht auf ourworldindata.org regelmäßig Analysen und Metastudien zu zentralen Entwicklungen auf globaler Ebene, von Gesundheitsdaten über Wohlstandsmessungen bis hin zum Plastik in den Ozeanen.

3   »Revealed: the 30-year economic betrayal dragging down Generation Y's income«. In: *The Guardian*, 2016. Auf: https://www.theguardian.com/world/2016/mar/07/revealed-30-year-economic-betrayal-dragging-down-generation-y-income.

4   Ökonomen nannten die Phase zwischen Mitte der 1980er-Jahre und 2007 »Great Moderation«.

5   »The Road to Somewhere by David Goodhart – a liberal's rightwing turn on immigration«. In: *The Guardian*, 2017. Auf: https://www.theguardian.com/books/2017/mar/22/the-road-to-somewhere-david-goodhart-populist-revolt-future-politics.

6   IMF Historical Public Debt Database.

7   »Citigroup chief stays bullish on buy-outs«. In: *Financial Times*, 2007. Auf: https://www.ft.com/content/80e2987a-2e50-11dc-821c-0000779fd2ac.

8   Eamon Javers: »Citigroup Tops List of Banks Who Received Federal Aid«. In: *CNB*, 16. März 2011. Auf: https://www.cnbc.com/id/42099554.

Kapitel 1

9   Zahlen via EZB.

10 »Bank of America intern died from epileptic seizure in shower, inquest told«. In: *The Guardian*, 2013. Auf: https://www.theguardian.com/business/2013/nov/22/bank-intern-moritz-erhardt-died-epileptic-seizure-shower.

11 Bei der Washington Post zog man aus den Daten den Schluss: »Millennials sind wirklich etwas Besonderes«. »Millennials really are special«. In: *The Washington Post,* 2019. Auf: https://www.washingtonpost.com/us-policy/2019/03/16/millennials-really-are-special-data-show/?utm_term=.ac211ff82b2c.

12 David T. Elwood: »Teenage Unemployment: Permanent Scars or Temporary Blemishes?«, NBR Chapters. In: Richard B. Freeman, David A. Wise (Hrsg.): *The Youth Labor Market Problem: Its Nature, Causes, and Consequences.* Chicago 1982, S. 349–390. Auf: http://www.nber.org/chapters/c7878.

13 Siehe etwa Lisa B. Kahn: »The long-term labor market consequences of graduating from college in a bad economy«. In: *Labour Economics* 17,2, 2010. Auf: https://www.sciencedirect.com/science/article/abs/pii/S0927537109001018; Jordan Glatt, Phanindra V. Wunnava: »Help Not Wanted: The Dismal Science of Youth Unemployment›s Scarring Effect«. In: *Discussion Paper Series* IZA 10069, 2016. Auf: http://ftp.iza.org/dp10069.pdf; David N.F. Bell, David G. Blanchflower: Young People and the Great Recession. In: *Discussion Paper Series* IZA 5674, 2016. Auf: http://ftp.iza.org/dp5674.pdf.

14 Outgoing CEA Chair Christina D. Romer: This Is Not My Father's Recession. Auf: https://www.npr.org/sections/thetwo-way/2010/09/02/129598642/outgoing-cea-chair-christina-romer-this-is-not-my-father-s-recession?t=1564865215401.

15 Patrick Herger: »Millennials sind keine Öko-Hipster – sondern eine von Erwerbsarmut bedrohte Generation«. In: *NZZ,* 2018. Auf: https://www.nzz.ch/meinung/die-millennials-als-feigenblatt-ld.1447604.

16 Derek Thompson: »The Unluckiest Generation: What Will Become of Millennials?« In: *The Atlantic,* 2013. Auf: https://www.theatlantic.com/business/archive/2013/04/the-unluckiest-generation-what-will-become-of-millennials/275336/.

17 OECD: Youth unemployment rate, 2019. Auf: https://data.oecd.org/unemp/youth-unemployment-rate.htm.

18 Die Misere der jungen Menschen hat sogar eine TV-Serie mit demselben Namen hervorgebracht (Siehe dazu: https://www.theguardian.com/world/2016/mar/08/generation-y-curling-or-maybe-what-the-world-calls-millennials).

19 2020 liegt der staatliche Schuldenstand der 20 entwickelten Volkswirtschaften bei 110,8 Prozent der Wirtschaftsleistung. 1982 waren es noch 43,4 Prozent des BIP. Quelle: IMF Historical Public Debt Database und IMF Fiscal Monitor.

20 Thomas Kleine-Brockhoff: »Renten, Schulden, Abgaben – der Fluch der späten Geburt«. In: *Die Zeit,* 1997. Auf: https://www.zeit.de/1997/46/renten.txt.19971107.xml/komplettansicht.

21 Rahman und Tomlinson: »Cross countries: international comparisons of intergenerational trends«. In: *LIS Working Paper Series* 732, 2018. Auf: http://www.lisdatacenter.org/wps/liswps/732.pdf.

22 Joseph P. Sternberg: *The Theft of a Decade. How the Baby Boomers Stole the Millennials' Economic Future.* New York 2019.

23 Siehe OECD: Under Pressure: The Squeezed Middle Class, 2019, S. 28. Auf: https://www.oecd.org/social/under-pressure-the-squeezed-middle-class-689afed1-en.htm.

24 Rahman und Tomlinson: »Cross countries: international comparisons of intergenerational trends«. In: *LIS Working Paper Series* 732, 2018. Auf: http://www.lisdatacenter.org/wps/liswps/732.pdf.

25 Daten aus einer Präsentation »Economic Wellbeing: Changes in age-specific income during the last decade« von Bernhard Binder-Hammer, Sonja Spitz, Alexia Fürnkranz-Prskawetz bei der Wittgenstein Centre Conference, 12.11.2019. Siehe dazu: https://www.oeaw.ac.at/fileadmin/subsites/Institute/VID/PDF/Conferences/2019/Demographic_Aspects_of_Human_Wellbeing_WIC_2019/Presentations/Session03_talk03_Binder-Hammer_WIC2019.pdf.

26 Angus Deaton: *Der große Ausbruch. Von Armut und Wohlstand der Nationen.* Stuttgart 2017.

Kapitel 2

27 Olivia Ho: »Is it fair to label millennials the avocado generation for spending on ›luxuries‹?« In: *The Straits Times,* 2017. Auf: https://www.straitstimes.com/lifestyle/entertainment/reality-check-for-the-avocado-generation.

28 In Deutschland wäre das der Abiturient.

29 Die nach den Millennials geborenen Mitglieder der »Generation Z« spielen in diesem Buch wegen des Fokus auf Arbeit-, Wohnungs- und Bildungsmärkte nur eine Nebenrolle. Das macht sie für Marktforscher und Unternehmen aber nicht weniger spannend und bedeutsam. Gerade im Kapitel zu der Umweltfrage werden wir der Generation Z nochmals begegnen.

30 Die Definition der Boomer variiert je nach Land, weil die Jahrgänge nicht überall über 20 Jahre gleich geburtenstark waren.

31 »Die Charakteristika der verschiedenen Generationen«. In: *NZZ*, 2012. Auf: https://www.nzz.ch/die-charakteristika-der-verschiedenen-generationen-1.16380914.

32 Siehe etwa Achim Goerres: *The Political Participation of Older People in Europe. The Greying of our Democracies.* Basingstoke 2009.

33 Rahman und Tomlinson: »Cross countries: international comparisons of intergenerational trends«. In: *LIS Working Paper Series* 732, 2018. Auf: http://www.lisdatacenter.org/wps/liswps/732.pdf.

34 Europäisches Parlament 2019.

35 US-Senat 2018.

36 »Wahlkampf: Kurz auf ›Oberösterreich-Tag‹«. In: *ORF.at*, 2019. Auf: https://ooe.orf.at/stories/3000869/.

37 Paul Taylor: »Generational equity and the ›Next America‹«. In: *Pew Research Center*, 2014. Auf: https://www.pewresearch.org/fact-tank/2014/04/18/generational-equity-and-the-next-america/.

38 William H. Frey: »Diversity defines the millennial generation«. In: *Bookings*, 2016. Auf: https://www.brookings.edu/blog/the-avenue/2016/06/28/diversity-defines-the-millennial-generation/.

39 Niall McCarthy: »The 2016 Election's Generation Gap«. In: *Forbes*, 09.11.2016. Auf: https://www.forbes.com/sites/niallmccarthy/2016/11/09/the-2016-elections-generation-gap-infographic/#4a43e769497b.

40 Pippa Norris: »Generation wars over Brexit – and beyond: how young and old are divided over social values«. In: *LSE*, 15.08.2018. Auf: https://blogs.lse.ac.uk/politicsandpolicy/generation-wars-over-brexit/.

41 Alexandros Sakellariou: »Golden Dawn and Its Appeal to Greek Youth«. In: *Friedrich Ebert Stiftung*, Juli 2015. Auf: https://library.fes.de/pdf-files/bueros/athen/11501.pdf.

42 Ipsos Italy: *Elezioni politiche* 2018. Auf: https://www.ipsos.com/sites/default/files/ct/news/documents/2018-03/elezioni_politiche_2018_-_analisi_post-voto_ipsos-twig.pdf.

43 EU-Kommission 2018.

44 UN-Bevölkerungsprognose 2019.

45 Hans-Werner Sinn, Silke Übelmesser: »Pensions and the Path to Gerontocracy in Germany«. In: *European Journal of Political Economy* 19, 1, 2002, S. 153–158. Auf: https://www.sciencedirect.com/science/article/abs/pii/S0176268002001349.

46 Pia Huttl, Karen E. Wilson, Guntram B. Wolff: »The growing intergenerational divide in Europe«. In: *Bruegel Policy Contribution* 17, 2015. Auf: https://bruegel.org/2015/11/the-growing-intergenerational-divide-in-europe/.

47 Siehe Warren C. Sanderson, Sergei Scherbov (2007): »A Near Electoral Majority of Pensioners: Prospects and Policies«. In: *Population and Development Review* 33, 3, September 2007, S. 543–554. Auf: https://onlinelibrary.wiley.com/doi/pdf/10.1111/j.1728-4457.2007.00184.x.

48 Vgl. Rösel, Felix: »Mehr oder weniger Populismus? Wie wäre die Bundestagswahl 2017 ohne das Mindestwahlalter von 18 Jahren ausgegangen?«. In: *ifo Dresden berichtet* 24, 6, 03-06, 2017.

49 Hugo Müller-Vogg: »Demokratie ist kein Kinderspiel«. In: *Cicero*, 25.04.2017. Auf: https://www.cicero.de/innenpolitik/Wahlrecht-von-Geburt-Demokratie-ist-kein-Kinderspiel.

50 »Wir führen Krieg gegen unsere Kinder«, lautet etwa die These des Wirtschaftsforschers Laurence Kotlikoff.

Kapitel 3

51 Seit dem 13. November 2018 meldet sich der Jugendrat mit einer neuen Initiative zu Wort. Und zwar unter dem Motto »Wir kündigen den Generationenvertrag – und machen einen neuen«. Siehe: https://wirkuendigen.de/wer-wir-sind/.

52 Die Kommission Verlässlicher Generationenvertrag soll »Wege zu einer nachhaltigen Sicherung und Fortentwicklung der Alterssicherungssysteme ab dem Jahr 2025 finden« und einen neuen, verlässlichen Generationenvertrag erarbeiten. Siehe: https://www.verlaesslicher-generationenvertrag.de/.

53 Bernhard Hammer, Tanja Istenič, Lili Vargha: »The Broken Generational Contract in Europe: Generous transfers to the elderly population, low investments in children«. In: *Intergenerational Justice Review* 1, 2018, S. 21–31. Auf: http://www.igjr.org/ojs/index.php/igjr/article/view/711.

54 In den vergangenen Jahren hat es viele Fortschritte gegeben, um nicht nur den Transfer von Steuermitteln oder Pensionszahlungen zwischen den Generationen aufzuzeigen, sondern eben auch private Leistungen zwischen Kindern, Eltern und (Ur-)Großeltern in Form von Zeit und Geld. Diese Erweiterung der volkswirtschaftlichen Gesamtrechnung (National Accounts) liefert spannende Einblicke abseits der Fokussierung vieler Ökonomen auf das Bruttoinlandsprodukt (BIP). Siehe etwa: Robert I. Gál, Endre Szabóc, Lili Varghaa: »The age-profile of invisible transfers: The true size of asymmetry

in inter-age reallocations«. In: *The Journal of the Economics of Ageing,* 5, April 2015, S. 98–104.

55 In Österreich sogar nicht einmal das. Dort hat sich die Alterssicherungskommission, die eingesetzt wurde, um Gutachten über den öffentliche Pensionssystem zu erstellen, seit dem 1.1.2017 noch nicht einmal konstituiert. (Stand: 1.10.2019)

56 Walter Osztovic, Andreas Kovar, Bettina Fernsebner-Kokert: »Generationen- Fairness – Arena Analyse, 2015, S. 27. «. In: *Edition Kovar & Partners,* 2015. Auf: https://generationen.oehunigraz. at/files/2012/07/AW-2015-Kurz-Generationen-Fairness.pdf.

57 In einer Kolumne für die britischen *Economist* mit dem Titel »Pensions, Ponzis and pyramids« geht der Autor der Frage nach, wie man ein betrügerisches (Ponzi-)System von einem bloß wenig nachhaltigen Pyramidenspiel abgrenzen kann. Der Text ist lesenswert und führt uns zurück zur Frage, ob genug künftige Kinder, also Einzahler, existieren, um das System am Laufen zu halten. Siehe: https://www.economist. com/finance-and-economics/2011/09/24/pensions-ponzis-and-pyramids.

58 Siehe zu den österreichischen Pensionsparadiesen etwa: Gernot Bauer: »Österreichs Pensionsparadiese bei Nationalbank, ÖBB & Versicherungsträgern«. In: *profil,* 26.07.2010. Auf:https://www.profil.at/home/oesterreichs-pensions-paradiese-nationalbank-oebb-versicherungstraegern-273932.

59 Eurostat 2019: »People at risk of poverty or social exclusion by age and sex«. Auf: https://ec.europa.eu/eurostat/statistics-explained/index.php/People_at_risk_of_poverty_or_social_exclusion.

60 Tingyun Chen et. al.: »Inequality and Poverty Across Generations in the European Union«. In: *IMF Staff Discussion Note SDN,* Januar 2018. Auf: https://www.researchgate.net/publication/322686549_Inequality_and_Poverty_Across_Generations_in_the_European_Union_Inequality_and_Poverty_Across_Generations_in_the_European_Union.

61 Ernest Liu, Atif R. Mian, Amir Sufi: »Low Interest Rates, Market Power, and Productivity Growth«. In: *Working Paper SSRN* 9, 2019. Auf: https://papers.ssrn.com/sol3/papers.cfm?abstract_id=3320551.

62 Vgl. Philipp Hartmann, Glenn Schepens: »20 Years of European Economic and Monetary Union: Selected takeaways from the ECBs Sintra Forum«. Auf: European Central Bank, 02.09.2019: https://www.ecb.europa.eu/pub/sintra/html/ecb. forumcentbank201908~e23d0064d5.en.html#toc1.

63 Polen ist die Ausnahme.

64 Ana Gonzalez-Barrera, Philip Connor: »Around the World, More Say Immigrants Are a Strength Than a Burden«. Auf: Pew Research Center, 14.03.2019: https://www.pewresearch.org/global/2019/03/14/around-the-world-more-say-immigrants-are-a-strength-than-a-burden/.

65 Vgl. OECD: »Will future pensioners work for longer and retire on less?«. In: *OECD. Policy Brief on Pensions*, Juli 2019. Auf: https://www.oecd.org/pensions/public-pensions/OECD-Policy-Brief-Future-Pensioners-2019.pdf.

66 EU-Kommission: »The 2018 Ageing Report. Economic & Budgetary Projections for the 28 EU Member States (2016–2070)«. In: *Institutional Paper* 079, Mai 2018. Auf: https://ec.europa.eu/info/sites/info/files/economy-finance/ip079_en.pdf.

67 OECD: »Will future pensioners work for longer and retire on less?«. In: *OECD. Policy Brief on Pensions*, Juli 2019. Auf: https://www.oecd.org/pensions/public-pensions/OECD-Policy-Brief-Future-Pensioners-2019.pdf.

68 Siehe Tabelle Table II.A2.2 in: EU-Kommission: »The 2018 Ageing Report. Economic & Budgetary Projections for the 28 EU Member States (2016-2070)«. In: *Institutional Paper* 079, Mai 2018, S. 160. Auf: https://ec.europa.eu/info/sites/info/files/economy-finance/ip079_en.pdf.

69 Für Frauen wird es von aktuell 60 Jahren langsam an 65 Jahre herangeführt.

70 Zacharias Zacharakis: »Gegen die Lobbymacht der Senioren können Sie keine Politik machen«. In: *Die Zeit*, 07.04.2016. Auf: https://www.zeit.de/wirtschaft/2016-04/thomas-straubhaar-rente-arbeit-sozialkassen-rentensicherheit-interview.

71 Wolfgang Gründinger: *Alte-Säcke-Politik. Wie wir unsere Zukunft verspielen.* Gütersloh 2016, S. 131.

72 Pieter Vanhysse: »Have Europe's welfare states abandoned the young to pay the old?« In: *World Economic Forum.* Auf: https://www.weforum.org/agenda/2018/05/how-the-young-get-more-than-the-elderly-out-of-society-but-not-out-of-the-state/.

73 Pieter Vanhuysse: »Intergenerational Justice in Aging Societies: A Cross-National Comparison of 29 OECD Countries«. In: *Working Papers SSRN,* 20.04.2013. Auf: https://papers.ssrn.com/sol3/papers.cfm?abstract_id=2309278.

74 Pia Hüttl, Karen E. Wilson, Guntram B. Wolff: »The growing intergenerational divide in Europe«. In: *Bruegel Policy Contribution* 17, 2015. Auf: https://bruegel.org/2015/11/the-growing-intergenerational-divide-in-europe/.

75   Pia Hüttl, Karen E. Wilson, Guntram B. Wolff: »The growing intergenerational divide in Europe«. In: *Bruegel Policy Contribution* 17, 2015. Auf: https://bruegel.org/2015/11/the-growing-intergenerational-divide-in-europe/.

Kapitel 4

76   Siehe Jeremy Leach, Miriam Broeks, Kristin Ostensvik, David Kingman: »European Intergenerational Fairness Index: A crisis for the young«. In: *Intergenerational Foundation, ab S. 14.* Auf: http://www.if.org.uk/research-posts/the-if-european-intergenerational-unfairness-index-2016/.

77   Siehe etwa die Intergenerational Foundation. http://www.if.org.uk/research-posts/squeezed-youth-the-intergenerational-pay-gap-and-cost-of-living-crisis/.

78   Thomas Öchsner: »Wohnen ist die soziale Frage in Deutschland«. In: *Süddeutsche Zeitung,* 20.07.2018. Auf: https://www.sueddeutsche.de/wirtschaft/kommentar-wohnen-ist-die-soziale-frage-in-deutschland-1.4062937.

79   Vgl. Rahman und Tomlinson (2018): »Cross countries: international comparisons of intergenerational trends«. In: *LIS Working Paper Series* 732, 2018. Auf: http://www.lisdatacenter.org/wps/liswps/732.pdf.

80   Siehe OECD 2019: Seite 25.

81   Natürlich haben sich die Immobilienmärkte dabei nicht synchron entwickelt. Aber auch in Krisenländern wie Spanien sind sie selbst nach dem Platzen der Immobilienblase 2008 heute um fast 33 Prozent höher als noch Anfang der 2000er-Jahre, wie Zahlen der BIZ zeigen. In der gesamten Eurozone sind die Immobilienpreise heute real um 24,4 Prozent höher als noch im Jahr 2000. Vgl. BIZ.

82   So ist das Jobwachstum in Hauptstädten und großen Städten mit 19 Prozent zwischen 2002 und 2017 deutlich größer als in anderen Regionen. Siehe etwa Eurofound 2019: John Hurley, Enrique Fernández-Macías et. al.: »European Jobs Monitor 2019: Shifts in the employment structure at regional level.«, 7.10.2019.

83   Jonathan Cribb: »How housing has divided the young«. In: *Institute for Fiscal Studies,* 15.08.2018. Auf: https://www.ifs.org.uk/publications/13268.

84   Christian Lennartz, Rowan Arundel, Richard Ronald: »Younger Adults and Homeownership in Europe Through the Global Financial Crisis«. In: *Population, Space and Place* 22, 8, 2015, S. 823–835. Auf: https://onlinelibrary.wiley.com/doi/abs/10.1002/psp.1961.

85 In Deutschland ist auch das DIW zu einem ähnlichen Ergebnis gekommen. Demnach ist die Eigentümerquote bei den Menschen zwischen 30 und 40 Jahren zuletzt zurückgegangen. Und das obwohl viele Vergleiche nahelegen würden, dass sich in Deutschland Eigentum gegenüber Miete auszahlen würde.

86 Vgl. Reiner Reichel, Matthias Streit: »Generation Miete – Wohneigentum ist kaum noch bezahlbar«. In: *Handelsblatt,* 21.06.2018. Auf: https://www.handelsblatt.com/finanzen/immobilien/trendviertel/trendviertel-2018-generation-miete-wohneigentum-ist-kaum-noch-bezahlbar/22703892.html?ticket=ST-62654563-4hlHtHrPAIdSWFJco4n3-ap2.

87 Siehe auch die spannende Publikation der Weltbank: Gabriela Inchauste, Jonathan Karver, Yeon Soo Kim, Mohamed Abdel Jelil: »Living and Leaving. Housing, Mobility and Welfare in the European Union«. In: *World Bank Report on the European Union,* 08.11.2018. Auf: https://www.worldbank.org/en/region/eca/publication/living-and-leaving.

88 Siehe etwa die Publikation *Teurer Wohnen* von meinem Arbeitgeber, der liberalen Denkfabrik Agenda Austria. Oder »Leistbare Mieten – Leistbares Leben«, eine Studie von Agnes Streissler-Führer. https://www.hausbesitzer.at/presse/news/leistbare-mieten-leistbares-leben.html?file=files/inhalt/neuigkeiten/leistbares_mieten_leistbares_leben.pdf.

89 Gabriela Inchauste, Jonathan Karver, Yeon Soo Kim, Mohamed Abdel Jelil: »Living and Leaving. Housing, Mobility and Welfare in the European Union«. In: *World Bank Report on the European Union,* 08.11.2018. Auf: https://www.worldbank.org/en/region/eca/publication/living-and-leaving.

90 Siehe etwa die Erfahrung der US-Großstadt San Francisco mit Mietenregulierung. Rebecca Diamond: »What does economic evidence tell us about the effects of rent control?«. In: *Brookings,* 18.10.2018. Auf: https://www.brookings.edu/research/what-does-economic-evidence-tell-us-about-the-effects-of-rent-control/.

91 Siehe Dan Kopf: »The share of American young adults living with their parents is the highest in 75 years«. In: *QUARTZ,* 10.04.2018. Auf: https://qz.com/1248081/the-share-of-americans-age-25-29-living-with-parents-is-the-highest-in-75-years/.

92 Nikou Asgari: »Rise oft he stay-at-home generation«. In: *Financial Times,* 08.02.2019. Auf: https://www.ft.com/content/14c503b6-2a25-11e9-88a4-c32129756dd8.

93 »Nearly a million more young adults now live with parents – study«. In: *The Guardian,* 2019. Auf: https://www.theguardian. com/society/2019/feb/08/million-more-young-adults-live-parents-uk-housing.

94 Vgl. Christopher Kurz, Geng Li, Daniel J. Vine: »Are Millennials Different?«. In: *Finance and Economics Discussion Series,* 080, 2018. Auf: https://www.federalreserve.gov/econres/ feds/files/2018080pap.pdf.

95 Laut Pew Research lag der Anteil der 25- bis 35-Jährigen, die noch daheim wohnen, 1981 bei 8 %, 1990 bei 11 % und 2016 bei 15%. Siehe dazu: https://www.pewresearch.org/fact-tank/-2017/05/05/its-becoming-more-common-for-young-adults-to-live-at-home-and-for-longer-stretches/.

96 Bryan Lufkin: »Garages – the new affordable houses?«. In: *BBC,* 17.06.2019. Auf: https://www.bbc.com/worklife/ article/20190617-garages-the-new-affordable-houses.

97 Vgl. Katie Morley: »Children of baby boomers ›set to inherit £100k each‹«. In: *The Telegraph,* 11.06.2018. Auf: https:// www.telegraph.co.uk/news/2018/06/10/children-baby-boomers-set-inherit-100k/.

98 Siehe etwa Christopher Kurz, Geng Li, Daniel J. Vine: »Are Millennials Different?«. In: *Finance and Economics Discussion Series,* 080, 2018. Auf: https://www.federalreserve.gov/ econres/feds/files/2018080pap.pdf.

99 Vgl. GMO 7-Year Asset Class Forecast, Juli 2019. Auf: https:// www.gmo.com/europe/research-library/gmo-7-year-asset-class-forecast-july-2019/.

100 Vgl. Credit Suisse Yearbook 2019. Darin finden Sie eine der ausführlichsten Datenbanken für langfristige Renditen an den Finanzmärkten.

101 Die »Rule of 72« ist ein nützlicher Gradmesser, um schnell ein Gefühl dafür zu bekommen, wie schnell man sein Erspartes verdoppeln kann. Man dividiert die Zahl 72 einfach durch die erwartete Rendite und bekommt so die Jahre, die es braucht, bis aus 10.000 Euro das Doppelte wird. Bei einer realen Rendite von 5,15 (wie in der Vergangenheit beobachtet) dauert es ziemlich genau 10 Jahre. Bei einer heute erwarteten Rendite von nur noch 1,55 Prozent hingegen 46,5 Jahre.

102 Bruce Stokes: »U.S. and European Millennials differ on their views of fate, future«. In: *Pew Research Center,* 10.02.2015. Auf: https://www.pewresearch.org/fact-tank/2015/02/10/u-s-and-european-millennials-differ-on-their-views-of-fate-future/.

Kapitel 5

103 Daten via OECD. https://data.oecd.org/eduatt/population-with-tertiary-education.htm.

104 Vgl. Intergenerational Fairness Index 2016.

105 Eyal Bar-Haim, Louis Chauvel, Anne Hartung: »More necessary and less sufficient: an age-period-cohort approach to overeducation from a comparative perspective«. In: *Higher Education* 78, 3, 2019, S. 479–499. Auf: https://doi.org/10.1007/s10734-018-0353-z.

106 Vgl. OECD 2018: Squeezed Middle.

107 Anne Helen Petersen: »How Millennials Became The Burnout Generation«. In: *BuzzFeed News,* 05.01.2019. Auf: https://www.buzzfeednews.com/article/annehelenpetersen/millennials-burnout-generation-debt-work.

108 In diesem Buch wird sehr eindrücklich geschildert, wie die Demografie und die technischen Veränderungen auch unser privates Bildungsleben aufrütteln werden: Lynda Gratton, Andrew Scott: *The 100-year Life. Living and Working in an Age of Longevity.* London/New York 2016.

109 OECD: »Youth not in employment, education or training (NEET)«. Auf: https://www.oecd-ilibrary.org/education/youth-not-in-employment-education-or-training-neet/indicator/english_72d1033a-en.

110 Bertelsmann Stiftung (Hrsg.): *Lehrer unter Druck. Arbeitsplatz Schule: zwischen Sokrates und Sozialarbeit.* Gütersloh 2010.

111 Susanne Wiesinger: *Kulturkampf im Klassenzimmer. Wie der Islam die Schulen verändert. Bericht einer Lehrerin.* Wien 2018.

112 Mehr zu dem Themenkomplex Bildung der Kindergeneration der Millennials dann im Familien-Kapitel.

113 Die Spreizung ist auch in Deutschland sehr groß. Aber Österreich sei an dieser Stelle noch prominenter herausgegriffen. Für die übrigen Daten siehe OECD 2019: »Settling In 2018. Main Indicators of Immigrant Integration«. Auf: https://www.oecd.org/els/mig/Main-Indicators-of-Immigrant-Integration.pdf.

114 »Kettenverträge an Universitäten vor dem Aus«. In: *Der Standard* 2019. Auf: https://www.derstandard.at/story/2000109244310/kettenvertraege-an-universitaeten-vor-dem-aus.

115 Bundesbericht Wissenschaftlicher Nachwuchs 2017: https://www.buwin.de/dateien/buwin-2017.pdf.

116 In ihren großen Bildungspublikationen arbeitet die OECD mittlerweile schon lange dieses Faktum heraus. Etwa in: OECD: »How are health and life satisfaction related to education?«, 20.12.2016. Auf: https://www.oecd-ilibrary.org/docserver/6b-8ca4c5-en.pdf?expires=1573728892&id=id&accname=guest &checksum=F774BEB7B8EBF79B3B3CCB60C4FCD74E.

Kapitel 6

117 »Gebt mir nur eure Armen, Entwurzelten, voll Sehnsucht, frei zu sein, die Seelen, die eure Ufer flohen. Jener Schwachen will ich mich erbarmen. An dem gold'nen Tor soll mein Licht lohen!« Siehe: Emma Lazarus: »The New Colossus« 1883. Auf: https://www.nps.gov/stli/learn/historyculture/colossus.htm.

118 Siehe Eurobaromater Juli 2019.

119 Die OECD hat das in ihrem jüngsten Länderbericht zu Österreich 2019 aufgeschlüsselt.

120 Siehe etwa Thomas Davoine: »The public finance contribution of immigration to Austria, Germany, Poland and the United Kingdom over the long run«. In: *IHS – Policy Brief* 13, Mai 2016. Auf: https://irihs.ihs.ac.at/id/eprint/3952/7/IHS_Policy %20Brief_MigrationPubFinance_EN.pdf.

121 Entweder im Ausland geboren, im Ausland geborene Eltern oder Elternteile. Siehe auch die Immigrationsstatistiken der OECD. »Settling in 2019. Indicators of Immigrant Integration«.

122 Siehe etwa das spannende Papier von Alberta Alesina, Armando Miano, Stefanie Stantcheva aus 2018: »Immigration and Redistribution«. In: *NBER Working Paper* 24733, Juni 2018. Auf: https://www.nber.org/papers/w24733. Und mit einem speziellen Fokus auf Europa: »Immigration and Preferences for Redistribution in Europe«. In: *IZA Discussion Paper Series* 12130, Februar 2019. Auf: http://ftp.iza.org/dp12130.pdf.

123 Collier hat der *Zeit* 2015 ein lesenswertes Interview gegeben: Philip Faigle: »›Wir reichen den Menschen den geladenen Revolver‹«. In: *Die Zeit,* 06.02.2015. Auf: https://www.zeit.de/gesellschaft/zeitgeschehen/2015-02/interview-collier-zu-wanderung-fluechtlinge/komplettansicht.

124 Der damalige Vizerektor der Universität Wien und spätere österreichische Bildungsminister Heinz Faßmann nannte Österreich einmal einen qualifikatorischen Durchlauferhitzer: Siehe: »›Chance auf Rückkehr‹ gefordert«. In: *ORF.at,* 18.03.2014. Auf: https://orf.at/v2/stories/2222565/2222564/.

Kapitel 7

125 Vgl. Eurobarometer 2018. Flash Eurobarometer 455.

126 Siehe den »Millennial Survey 2019« von Deloitte auf: https://www2.deloitte.com/de/de/pages/presse/contents/millennial-survey-2019.html.

127 Der Climate Action Tracker (CAT) analysiert die Selbstverpflichtungen einzelner Staaten zu Klimaschutzbemühungen wissenschaftlich. Ein Klimamodell erstellt auf deren Basis dient einer Prognose der globalen Erwärmung bis zum Jahr 2100. Erstellt wird der CAT von den Instituten New Climate Institute und Climate Analytics, finanziert von der Climate-Works Foundation und dem deutschen Umweltministerium.

128 Nachzulesen in einem Interview mit Mark Schieritz: »Frankreich kann sich Stillstand nicht leisten«. In: *Die Zeit,* 14.12.2018. Auf: https://www.zeit.de/wirtschaft/2018-12/gelbwesten-bewegung-frankreich-proteste-emmanuel-macron/komplettansicht.

129 Siehe Andreas Sator: *Alles gut?! Unangenehme Fragen & optimistische Antworten für eine gerechtere Welt.* Wien 2019.

130 Nachzulesen ist die Banquet Speech von William D. Nordhaus auf: https://www.nobelprize.org/prizes/economic-sciences/2018/nordhaus/speech/.

131 Marie-Christine Fischer: »Harald Lesch zum Klimawandel: ›Meine Generation hat vollständig versagt‹«. In: Web.de, 06.07.2018. Auf: https://web.de/magazine/politik/harald-lesch-klimawandel-generation-vollstaendig-versagt-33045560.

132 Annegret Kramp-Karrenbauer: »Wir können so nicht weiterleben«. In: *Die Zeit,* 18.06.2019. Auf: https://www.zeit.de/2019/26/klimapolitik-verantwortung-generationen-klimawandel-konsumverhalten.

Kapitel 8

133 Daten via Eurostat: »Fertility Indicators«, Daten per 06.11.2019.

134 Hans Bertram, Carolin Deuflhard: *Die überforderte Generation: Arbeit und Familie in der Wissensgesellschaft.* Berlin 2014.

135 Anna Matysiak, Tomáš Sobotka, Daniele Vignoli: »The Great Recession and Fertility in Europe. A Sub-National Analysis«. In: *VID Working Paper* 2, 2018. https://www.oeaw.ac.at/vid/publications/serial-publications/vid-working-papers/.

136 Susanne Fahlén, Livia Sz. Oláh: »Economic uncertainty and first-birth intentions in Europe«. In: *Demographic Research* 39, 28, 2018, S. 795–834.

137 »Geburtenstatistik: Durchschnittsalter der Mütter steigt«. In: *Kurier,* 13.06.2019. Auf: https://kurier.at/leben/oesterreichische-geburtenstatistik-durchschnittsalter-der-muetter-steigt/400522516.

138 Giulia M. Dotti Sani, Judith Treas: »Educational Gradients in Parents Child-Care Time Across Countries, 1965–2012«. In: *Journal of Marriage and Family* 78, 4, August 2016, S. 1083–1096. Auf: https://onlinelibrary.wiley.com/doi/abs/10.1111/jomf.12305.

139 Trent MacNamara: »Liberal Societies Have Dangerously Low Birth Rates«. In: *The Atlantic,* 26.03.2019. Auf: https://www.theatlantic.com/ideas/archive/2019/03/underpopulation-problem/585568/.

Fazit

140 Ein Papier, in dem diese These durchdekliniert wurde, finden Sie hier: Vincenzo Atella, Lorenzo Carbonari: »Is Gerontocracy Harmful for Growth? A Comparative Study of Seven European Countries«. In: *Journal of Applied Economics* 20,1, 2017, S. 141–168. Auf: https://www.tandfonline.com/doi/abs/10.1016/S1514-0326%2817%2930007-7.

141 Carolin Würfel, Andreas Öhler: »Generation Babyboomer: Zeit, Platz zu machen?«. In: *Die Zeit* 08.02.2019. Auf: https://www.zeit.de/2019/07/generation-babyboomer-klimawandel-generationenvertrag-rente-generationenwechsel/komplettansicht.

142 Vgl. Lucian Mayringer: »Millionenshow im Nationalrat bringt das Comeback der Hacklerregelung«. In: *OÖN* 21.09.2019. Auf: https://www.nachrichten.at/politik/innenpolitik/millionenshow-im-nationalrat-bringt-das-comeback-der-hacklerregelung;art385,3167670.

143 2016 bezeichnete der österreichische Bundeskanzler Werner Faymann die von der großen Koalition geplante Entlastung als die »größte Steuerreform der zweiten Republik«.

144 Ulf Poschardt: »Die Jungen müssen gegen feiste Alte kämpfen«. In: *WELT* 25.01.2018. Auf: https://www.welt.de/debatte/kommentare/article172863495/Generationenkampf-Junge-muessen-gegen-Alte-kaempfen.html.

145 Wie Noah Smith auf Bloomberg Opinion geschrieben hat: »Millennials on the Cusp of Middle Age Missed Their Boom«. In: *Bloomberg Online* 12.11.2019. Auf: https://www.bloomberg.com/opinion/articles/2019-11-12/millennials-approach-middle-age-without-benefit-of-economic-boom.

146 2009 forderte diesen etwa der spätere Chef des deutschen ifo-Instituts, Clemens Fuest. Cornelia Schmergal: »›Wir brauchen einen Aufstand der Jungen‹«. In: *WirtschaftsWoche* 21.11.2009. Auf:https://www.wiwo.de/politik/deutschland/interview-clemens-fuest-wir-brauchen-einen-aufstand-der-jungen/5143412.html.

147 Wolfgang Gründinger: *Alte-Säcke-Politik. Wie wir unsere Zukunft verspielen.* Gütersloh 2016, S. 127.

148 Yonatan Berman: »The Evolution of Global Absolute Intergenerational Mobility«. In: *LIS Working Paper Series,* 07.04.2018. Auf: http://www.lisdatacenter.org/wp-content/uploads/files/uc2018-s6-1.pdf.

149 Sehr einflussreich ist etwa das Papier von Raj Chetty, der zusammen mit Koautoren aufzeigte, dass die absolute Mobilität, also der Anteil der Kinder, die mehr verdienten als ihre Eltern, in den USA von 90 Prozent für die Kindergeneration der 1940er auf nur noch 40 Prozent für die Geburtsjahrgänge 1984 gesunken ist. Siehe etwa: Richard V. Reeves, Katherine Guyot: »Fewer Americans are making more than their parents did - especially if they grew up in the middle class«. In: *Brookings* 25.07.2018. Auf: https://www.brookings.edu/blog/up-front/2018/07/25/fewer-americans-are-making-more-than-their-parents-did-especially-if-they-grew-up-in-the-middle-class/.

150 Siehe etwa https://www.handelszeitung.ch/unternehmen/wir-wussten-wir-sind-nur-noch-fur-drei-wochen-finanziert.

151 Vgl. Kevin Rodgers: *Why Aren't They Shouting?* London 2016.

152 Carl Benedikt Frey, Michael A. Osborne: »The Future of Employment: How Susceptible Are Jobs to Computerisation?«, 17.09.2013. Auf: https://www.oxfordmartin.ox.ac.uk/downloads/academic/The_Future_of_Employment.pdf.

153 Wolfgang Lutz, Vegard Skirbekk, Maria Rita Testa: »The Low-Fertility Trap Hypothesis: Forces that May Lead to Further Postponement and Fewer Births in Europe«. In: *Vienna Yearbook of Population Research* 2006, S. 167–192.